POR QUÉ
FRACASAN
TODOS LOS
GOBIERNOS

SERGIO BERENSZTEIN
MARCOS BUSCAGLIA

POR QUÉ FRACASAN TODOS LOS GOBIERNOS

PROPUESTAS PARA FRENAR UN CÍRCULO VICIOSO

Ⓐ *Editorial El Ateneo*

Buscaglia, Marcos
   Por qué fracasan todos los gobiernos / Marcos Buscaglia ; Sergio Berensztein. -
1a ed . , 2a reimp . - Ciudad Autónoma de Buenos Aires : El Ateneo, 2019.
   256 p. ; 16 x 23 cm.

   ISBN 978-950-02-0993-9

   1. Ensayo Político. 2. Ensayo Económico. I. Berensztein, Sergio II. Título
   CDD 320.01

Por qué fracasan todos los gobiernos

Derechos exclusivos de edición en castellano para todo el mundo
© Grupo ILHSA S. A. para su sello Editorial El Ateneo, 2019
Patagones 2463 - (C1282ACA) Buenos Aires - Argentina
Tel: (54 11) 4943 8200 - Fax: (54 11) 4308 4199
editorial@elateneo.com - www.editorialelateneo.com.ar
Diseño de tapa: Eduardo Ruiz

1ª edición: diciembre de 2018
2ª reimpresión: marzo de 2019
ISBN 978-950-02-0993-9

Impreso en en Printing Books,
Mario Bravo 835, Avellaneda,
provincia de Buenos Aires,
en marzo de 2019.

Queda hecho el depósito que establece la ley 11.723.
Libro de edición argentina.

Índice

Prólogo

En marzo de 2016 presentamos este libro bajo el título *Los beneficios de la libertad*. Se abría en ese momento un período de gran esperanza para el país. Apenas dos años más tarde, el país cayó en una de sus típicas crisis.

Todos los gobiernos se ven a sí mismos como la solución a los dilemas argentinos, pero todos hasta ahora se han convertido, más temprano que tarde, en sus principales problemas. Han cambiado las personas, las ideologías, las formas de gobernar y los contextos internacionales. Pero como hasta ahora no se han modificado las reglas de juego fundamentales de nuestro sistema político, nos empantanamos con los mismos obstáculos y somos incapaces de resolver los problemas más urgentes que casi todos los países del mundo lograron superar, como la inflación.

Los defectos institucionales que analizamos en este libro permiten identificar las causas de los principales fracasos de los gobiernos argentinos, incluyendo el de Mauricio Macri. En efecto, presentamos una caja de herramientas conceptual que permite explicar, por ejemplo, por qué pudo hacer aprobar muchas leyes en sus dos primeros años, el ajuste fiscal fue lento, la inversión aumentó solo a cuentagotas, el frente Cambiemos llenó de tropa propia a la administración pública, y la justicia aceleró las investigaciones sobre la corrupción de la gestión anterior recién luego de las elecciones de 2017.

Sobre todo, por qué, una vez más, el país entró en otra crisis virulenta en 2018.

Los sistemas electorales y de relaciones federales fiscales tienen un fuerte impacto en la debilidad fiscal perenne de nuestro país y en la inestabilidad de las políticas públicas, y están en la raíz de muchos de los problemas que describimos. El sistema electoral de lista cerrada multimiembro a nivel provincial hace que gran parte de los legisladores respondan a los gobernadores de provincia, sobre todo en las menos desarrolladas y gobernadas por el PJ, que están sobrerrepresentadas en el Congreso. Tales provincias dependen en gran parte de impuestos nacionales para financiar el gasto, que en gran medida tiene una lógica clientelar. Este arreglo institucional hace que nuestro Congreso no funcione efectivamente como contrapeso del Poder Ejecutivo.

Aunque no tenga mayorías en el Congreso, cuando un presidente tiene popularidad y recursos, puede gobernar y hacer aprobar leyes en el recinto, por el apoyo que logra transfiriendo más recursos a las provincias. Eso ocurrió en 2016 y 2017, y en la aprobación del presupuesto 2018 en la Cámara de Diputados. Cuando, además, gobierna el peronismo, el Congreso se convierte en una mera escribanía del Poder Ejecutivo, que pasa a ostentar un poder excesivo, sin atenuantes, como fue el caso de Cristina Fernández de Kirchner. Cuando un presidente pierde popularidad y recursos, especialmente si no es peronista, como le ocurrió a De la Rúa en 2001 y a Macri en 2018, se hace muy difícil garantizar la gobernabilidad. En contextos de alta restricción presupuestaria, los ajustes fiscales se vuelven arduos e ineficientes. Una buena parte del despilfarro fiscal está en muchas de las provincias, pero estas tienen una enorme capacidad de negociación en el Congreso. Entonces el ajuste se termina dando mediante suba de impuestos ineficientes, como las retenciones a las exportaciones, y devaluación de la moneda, para bajar los salarios públicos en términos reales. En el proceso, se licúan también los activos en pesos. Es por ello que la sociedad argentina ahorra en dólares y sobre todo en el exterior. Esto explica la diminuta dimensión del sistema financiero local, que impide el desarrollo de una clase media sólida que pueda acceder a, por ejemplo, el crédito para adquirir una vivienda.

Otra consecuencia de nuestro ineficaz acervo institucional es que la Argentina tiene la mayor volatilidad de políticas públicas del mundo. Dado que la relación de los gobernadores provinciales con sus votantes es fundamentalmente clientelar, y que su relación con el poder central es principalmente monetaria, tienen poco interés en el contenido de las leyes: pueden apoyar la privatización y al poco tiempo la estatización de YPF, pueden estar a favor y en contra del proteccionismo en pocos años, etc. La falta de previsibilidad complica la toma de decisiones a todos los actores. En particular, nada le garantiza a un empresario que el conjunto de regulaciones sobre un sector en particular se mantendrá inalterado por el próximo gobierno. Esto explica nuestra baja tasa de inversión: en un marco de alta incertidumbre, el sector privado tiende a elegir destinos menos riesgosos.

Esto se complica todavía más por los enormes problemas de nuestro Poder Judicial. Los equilibrios políticos influyen en el ritmo de investigaciones sensibles, sobre todo en el fuero federal. Dado que los jueces tienen inseguridad sobre su estabilidad –más allá de sus características morales–, la justicia se comporta de manera estratégica. De otra manera, no se entendería porqué importantes miembros del gobierno kirchnerista estuvieron sin ser procesados hasta luego de las elecciones de 2017, donde quedó más claro que la ex presidente había perdido enormes cuotas de poder.

Para crear una burocracia profesional estable y bien remunerada se requiere una visión estratégica y con metas de mediano y largo plazo, rol que idealmente debería cumplir el Congreso. Pero nuestros legisladores tienen unas de las carreras legislativas más cortas del mundo: están ahí "de paso", pues los recursos políticos y la capacidad de influir en la agenda se concentran en los poderes ejecutivos, ya sea a nivel nacional, provincial o incluso local. Se acumulan entonces capas geológicas de "burocracias paralelas", que cada gobierno designa para funcionar frente a una maquinaria del Estado que no le responde.

A pesar de las enormes expectativas que había generado originalmente, dentro y fuera del país, la experiencia de Cambiemos habla de nuevo de fracaso y abre la oportunidad para una revisión de los mecanismos que explican no solo esta nueva frustración, sino que son los mismos que nos llevaron a esta larga decadencia. En el libro no nos limitamos a describir dichos mecanismos, sino que elaboramos un conjunto de propuestas para modificarlos.

Ningún gobierno puede encarar unilateralmente un desafío tan complejo y trascendente. Creemos que la Argentina necesita acuerdos políticos sobre las reglas de juego institucionales, incluyendo nuestro sistema electoral, el sistema de control y funcionamiento del Estado y la coparticipación federal. Ellos permitirían cambiar los incentivos de los gobernantes, los jueces y la burocracia, para así cimentar políticas públicas estables y eficientes.

Introducción

Motivación y objetivo

Este libro busca contribuir con los esfuerzos que, cada vez con mayor intensidad y desde distintas disciplinas y sectores, se hacen por lograr una transformación efectiva y perdurable en la Argentina, que muchas veces aparece en el imaginario social como un caso singular de un país que posee atributos negativos de los que pareciera no poder escapar. Esto ocurre tanto a nivel regional como internacional, pero sobre todo fronteras adentro, en nuestra autopercepción, en cómo nos vemos.

Si bien es cierto que un segmento importante de la sociedad considera que el país mejoró significativamente en los últimos tiempos, buena parte de esa creencia se basa en mecanismos políticos y económicos insustentables, inequitativos y perversos, como el gasto público excesivo financiado con emisión monetaria, el intervencionismo extremo y la ultraconcentración de poder en manos del presidente. En efecto, la experiencia histórica y comparada sugiere que estos excesos constituyen no solo una estrategia errónea para fomentar el desarrollo humano, sino que ponen en riesgo los fundamentos mismos de una sociedad libre.

Pasadas tres décadas desde el retorno a la democracia, muchos han sido los logros; por ejemplo, la estabilidad institucional, el establecimiento de los derechos humanos como principio fundamental del orden democrático, la superación de conflictos limítrofes en el marco de la integración regional y la implementación de nuevos programas sociales focalizados en aliviar la extrema pobreza. Sin embargo, las asignaturas pendientes son enormes, pues la política es casi siempre parte del problema, y casi nunca parte de la solución. En efecto, hemos acumulado fracasos muy significativos, epitomizados en síntomas de problemas profundos y estructurales del sistema político local: dos hiperinflaciones, un megadefault, expropiaciones masivas y controversiales, fragmentación del sistema político, fuerte polarización social, un nivel de desigualdad incompatible con una sociedad moderna y democrática, y una insólita pasividad ante el avance de la amenaza de gobernabilidad más grave que enfrenta la Argentina en muchísimo tiempo: el fenómeno del narcotráfico.

A pesar de este balance negativo, no creemos que el país esté condenado a la decadencia, aunque, como es evidente, tampoco al éxito. Los destinos de los pueblos no están predeterminados, sino que son consecuencia de decisiones estratégicas tomadas en el contexto de co-yunturas críticas.

La Argentina tiene la gran oportunidad de repensar sus fundamentos institucionales. Estamos convencidos de que se puede mejorar, y mucho, la calidad de esas decisiones para impulsar un proceso de crecimiento dinámico, inclusivo y sustentable, que consolide y multiplique los mecanismos de movilidad social ascendente y genere oportunidades de desarrollo para todos los ciudadanos. Estamos persuadidos de que la Argentina está en condiciones de construir una infraestructura institucional, es decir, un conjunto de reglas y procedimientos formales e informales, que nos permita disfrutar de los beneficios de la libertad de manera sostenida en el tiempo.

Esto supone una vocación por modificar patrones de funcionamiento muy arraigados en nuestra cultura política: consensuar objetivos fundamentales y un conjunto de instrumentos de política, con el tiempo nos permitirá construir un país mucho más justo y solidario. Se trata, en síntesis, de edificar la infraestructura institucional básica para, como dice el Preámbulo de la Constitución, garantizar los beneficios de la libertad. Que ese sea por fin nuestro grito sagrado.

En particular, una serie de problemas políticos, económicos y sociales debería ser por fin erradicada para progresar y desarrollarnos como una nación moderna, integrada con inteligencia tanto al mundo como internamente. Entre ellos, los eternos vaivenes de la política económica, con sus consecuentes y recurrentes crisis políticas, sociales e institucionales; la falta de capacidad de las clases gobernantes para generar acuerdos y proyectos de largo plazo, impedidos, especialmente, por la improvisación y los imperativos cortoplacistas de la supervivencia política y los intereses particulares; la corrupción, un común denominador de todos los gobiernos, independientemente del partido o la orientación ideológica; la degradación de las reglas de convivencia social y la creciente intolerancia, tanto en la comunidad en general como dentro de las propias instituciones de gobierno; la falta de eficacia de las políticas públicas estatales, derivada de un aparato administrativo agigantado y menos profesional, incapaz de proveer los bienes públicos fundamentales (seguridad, justicia, infraestructura, educación, salud y cuidado del medio ambiente); y la ausencia de un sistema político equilibrado con partidos fuertes y capacitados para gobernar a nivel nacional, para posibilitar una alternancia en el poder sin sufrir obstrucciones que pongan en juego la gobernabilidad y alimenten enormes déficits de credibilidad social.

Este diagnóstico, que sin duda puede ser objeto de debate, no es por cierto muy original. Nuestra contribución consiste en sugerir un conjunto de reformas estratégicamente seleccionadas de acuerdo con dos criterios fundamentales: bajo costo de implementación y alto impacto. Así, buscamos colaborar con la generación de la infraestructura institucional necesaria para lograr un proceso de crecimiento equitativo y sustentable en el país, fortalecer la gobernabilidad democrática y garantizar los derechos ciudadanos fundamentales en un clima de estabilidad y consenso.

La clave de nuestras propuestas es que no requieren alteraciones a la Constitución, sino cambios viables e ideológicamente neutros, diseñados para trascender las estériles divisiones partidarias y sectoriales, promoviendo la cooperación entre actores políticos y sociales, potenciando el capital social y limitando la concentración excesiva del poder.

Como referencias generales, aunque sin idealizar, consideramos experiencias nutritivas que, en contextos muy diversos y no menos complejos que los que enfrenta la Argentina, alcanzaron logros parecidos y significativos, como los Pactos de la Moncloa (1977) en España, la Concertación de Partidos por la Democracia en Chile a comienzos de la década de 1990 y el Pacto de México (2012). Tales esfuerzos se propusieron, entre sus ejes centrales, mejorar el funcionamiento del Estado, fortalecer la capacidad para brindar los bienes públicos fundamentales y apuntar a la democratización de la economía y de la política, ampliando de manera efectiva (no meramente declarativa) los derechos sociales y los mecanismos de la participación ciudadana, sobre todo en el diseño y en la evaluación de las políticas públicas.

No se trata de replicar de forma automática los instrumentos o los objetivos de estos acuerdos entre élites y sectores políticos, económicos y sociales, sino de tomarlos como ejemplos de procesos de cambio bien planificados, con objetivos claros, conseguibles y consensuados. Estos acuerdos tal vez no fueron demasiado ambiciosos, pero sí lograron hacer una diferencia a lo largo del tiempo. Tampoco fueron acuerdos perfectos ni alcanzaron todos sus objetivos. Pero esa es la naturaleza de la acción humana.

Nuestro objetivo es reorientar el debate público hacia el debate de la infraestructura institucional. Es imprescindible mantener siempre un principio de humildad respecto de las propuestas aquí desarrolladas. Quizá no sean las mejores, o por lo menos no creemos que sean la única solución que necesita la Argentina. Pero estamos convencidos que el país podría mejorar, y mucho, si implementase un programa comprensivo e integral de reformas institucionales como las que impulsamos. Mejoraríamos muchísimo tan solo al promover un debate amplio y plural sobre estos temas. Difícilmente este debate atraiga multitudes, pero es sin duda medular para construir un país mejor.

La Argentina se encuentra en una coyuntura inigualable para poder encarar este debate y estas reformas. A diferencia de otros países, como Chile, en los cuales la vuelta a la democracia fue resultado de negociaciones entre las fuerzas militares que ejercían el poder *de facto* y las fuerzas políticas, la derrota en la guerra de Malvinas y la crisis de la deuda precipitaron la vuelta a la democracia, sin acuerdos institucionales previos. Si bien inicialmente nuestra democracia transitó por carriles aceptables, las crisis económicas sucesivas demostraron la incapacidad de las reglas actuales para promover los beneficios de la libertad. El acceso de los Kirchner al poder empeoró la situación, ya que volvió el reloj del debate a la etapa previa al Golpe del 76: una época de enfrentamientos y de formas poco republicanas. Los Kirchner construyeron un poder casi ilimitado para reemplazar el vacío generado en la crisis de 2001-2002. Como muchas veces en la historia, la tiranía sucedió a la anarquía. Hoy creemos que la Argentina está en condiciones de dejar atrás el trauma de la crisis y construir un poder fuerte pero balanceado.

Las elecciones presidenciales de 2015 fueron el punto de partida para que la generación de políticos que se formó luego de 1983 haya tomado el poder por primera vez. Los tres principales candidatos, al igual que muchas otras figuras relevantes, se hicieron a la política luego de la asunción de Alfonsín, por lo que tienen un concepto de la democracia y del diálogo sustancialmente más moderno que el que ocupó la escena pública en los últimos doce años. Existen todavía grupos con poder residual que hacen un culto al enfrentamiento como forma de crear poder, pero son electoralmente minoritarios si no logran tomar de rehén a un partido mayoritario, como hicieron los Kirchner y La Cámpora con el Partido Justicialista. Esta nueva generación que va a prevalecer en el manejo del país en los próximos años tiene la oportunidad única de discutir una nueva infraestructura institucional. Este libro busca proveer un conjunto de propuestas para ese debate que se avecina.

Por qué este libro y a quién está dirigido

Este libro está dirigido hacia el público en general, sobre todo a quienes tienen interés por la política, los asuntos públicos en general y la problemática del desarrollo de la Argentina. Por supuesto, aspiramos a que nuestra propuesta contribuya al debate sobre los cambios institucionales que necesita la Argentina, que por definición es un tema que atrae a un segmento más acotado, constituido por las élites políticas e intelectuales. Nuestro trabajo aprovecha y se nutre de la amplia literatura de autores académicos nacionales y de otros países que se dedicaron a estudiar el caso argentino, los sistemas electorales, la transformación de sistemas clientelares en servicios públicos profesionales y los sistemas impositivos federales óptimos, entre otros aspectos.

Para poder dar fluidez a los argumentos, obviamos las citas específicas y minimizamos el uso de las notas al pie de página. En su lugar, al final del libro se ofrece una referencia bibliográfica general, para quienes quieran profundizar.

Los objetivos centrales de este trabajo son los siguientes:

1) Proponer un conjunto de cambios a las reglas formales, con el menor costo de implementación posible, que permitan transformar los incentivos a los actores políticos para mejorar

significativamente la calidad de la democracia y consolidar los mecanismos que promuevan el desarrollo humano.

2) Facilitar que la ciudadanía y los líderes políticos interesados en promover reformas efectivas cuenten con un aporte actualizado y objetivo que enfoque en los ejes más importantes. Asimismo, que quede en claro que esto requiere la conformación de coaliciones adecuadas para llevar a cabo estos cambios cuando llegue la oportunidad. Es esencial instrumentar modificaciones a las reglas electorales, fiscales federales y de uso y control de recursos del Estado, para cambiar los incentivos políticos y evitar los vaivenes de las políticas públicas. Más incentivos políticos y menos discrecionalidad estatal producirán mejores políticas públicas y un incremento de la inversión privada y de la productividad, fuentes del verdadero crecimiento sostenido.

3) Promover la idea de que el actual arreglo institucional tiene un alto costo y que es urgente cambiarlo. Lo importante es ponderar no tanto las dificultades del cambio, sino los costos del *statu quo*. ¿Puede la Argentina romper por fin esta inercia viciosa que la condena a una decadencia secular? ¿Qué mecanismos pueden implementarse a tales efectos? ¿Cuál es la forma más rápida y efectiva de llevar adelante dichos

cambios? Creemos que resulta crítico promover una reflexión seria y comprometida respecto de estas interrogantes para aprovechar las oportunidades que se nos presentan.

Estructura y metodología

El libro está dividido en dos grandes partes. La primera, compuesta por los capítulos 1, 2, 3 y 4, realiza un análisis de la situación actual de la Argentina: un diagnóstico que recorre los principales problemas que tiene nuestro sistema político, el funcionamiento del Estado y el sistema de coparticipación federal. Explicamos brevemente sus determinantes y raíces históricas para comprender cómo y por qué llegamos adonde estamos y, en especial, por qué debemos cambiar. Muchos de los problemas son anacrónicos, responden a realidades superadas o a dilemas o desafíos que ya no existen –o que, en todo caso, se pueden resolver, a la luz de la experiencia internacional, de forma muy rápida y poco costosa–.

La segunda parte, compuesta por los capítulos 5, 6 y 7, reúne un conjunto de propuestas para pensar posibles soluciones a los desafíos definidos en la primera parte (la "estrategia"), e incluye una discusión sobre la "táctica" para lograr dichos objetivos. En los capítulos 5 y 6 nos centramos en la presentación de las propuestas que constituyen un puntapié inicial para comenzar la gran discusión sobre la transformación que la Argentina espera y necesita. Es un primer paso, necesario, pero no suficiente. Los cambios deberán ser puestos en práctica por diversos actores, de manera coordinada y con la voluntad política como para implementarlos con rigurosidad y paciencia. Estos esfuerzos serían en vano si los ejecutores no asumiesen el compromiso de mantenerlos y perfeccionarlos en el tiempo. En el capítulo 7 nos centramos entonces en el "cómo". Intentamos contribuir a definir los potenciales caminos de acción a tomar para los problemas presentados y para las soluciones sugeridas, con una serie de estrategias y tácticas que consideramos que son muy útiles y dignas de consideración.

1
La necesidad de un cambio institucional

Cambios institucionales decisivos, integrales y consensuados

El proceso de reformas que la Argentina debe emprender incluye tres características centrales que están, a su vez, interrelacionadas:

1) Es decisivo, apunta al fondo de la cuestión, no son meras tácticas *gatopardistas* para distraer la atención de la opinión pública. Esto implica coordinar las expectativas de los principales actores sobre la existencia de un cambio de régimen.

2) Es integral, abarcando el régimen electoral, el funcionamiento del Estado y de las instituciones fiscales federales. Estamos convencidos de que las reformas parciales, acotadas y desincronizadas están destinadas al fracaso.

3) Surge de un acuerdo político amplio y sólido. La implementación de estos procesos de cambio

suele llevar mucho tiempo y estar sujeto a múltiples presiones de grupos de interés. Algunas cuestiones requieren ajustes y revisiones casi permanentes. Más aún, la permanencia de estas nuevas reglas de juego en el tiempo es fundamental, para que echen raíces, se incorporen al comportamiento de los principales actores y terminen, en el tiempo, conformando una nueva cultura política, más democrática, participativa y transparente.

Cambios decisivos

Es imposible que la Argentina emprenda una senda de crecimiento sustentable sin un cambio decisivo en la percepción del régimen institucional por parte los principales actores políticos y sociales, incluyendo naturalmente a los trabajadores y a los empresarios. Necesitamos un conjunto de reglas claras, inteligentes y perdurables que contribuyan al desarrollo humano. Esto implica una regulación apropiada; ni un Estado ausente ni un intervencionismo extremo, depredador e irracional.

Los cambios en las reglas de juego son una constante de la política económica argentina desde hace décadas, pero se incrementaron notablemente en los últimos años. Esa inestabilidad genera incertidumbre, la instalación de un ambiente de desconfianza y hasta temor por lo que puede pasar.

Como resultado, se promueven comportamientos muy defensivos con criterios extremadamente cortoplacistas. Es lo que se denomina un mal clima de negocios, que explica por qué los capitales, incluyendo los argentinos, se desplazan hacia destinos mucho más seguros y confiables. Como los empresarios no gozan de derechos de propiedad efectivos sobre sus inversiones, ¿quién va a estar dispuesto, en estas condiciones, a invertir grandes sumas de dinero a largo plazo en proyectos para, por ejemplo, revertir el problema energético? Esto va más allá de un gobierno en particular. Quizás haya una administración que busque generar las condiciones para atraer inversiones y hasta logre algún resultado. La cuestión es si dichas reglas perdurarán en el tiempo. Lo importante no son las personas, ni un gobierno en particular, sino la estabilidad en las reglas del juego de mediano y largo plazo. Para que no cambien, para que podamos romper la inercia pendular y enfermiza que caracteriza a la Argentina, resulta fundamental que las reglas del juego sean fruto de un proceso de deliberación amplio e inclusivo. Esto lleva tiempo y esfuerzo, pero de nada sirve forzar cambios que a la corta o a la larga se revierten y generan más inestabilidad.

Respecto de los trabajadores, vale la pena preguntarnos: ¿cuál es en la actualidad el incentivo para invertir en la propia educación, en mejorar el capital humano, en ser socios activos de un proceso de desarrollo basados en la innovación y el aumento de la productividad? No sorprende que la Argentina esté cada vez más rezagada en términos de los principales indicadores de calidad educativa, como el porcentaje de alumnos que completan la escuela secundaria. Muchos de los que sí apuestan a su propia capacitación terminan mudándose a otros países con entornos más estables para desarrollar sus actividades profesionales, pues no encuentran las oportunidades en un país donde lamentablemente el progreso no se logra en base al esfuerzo individual. Más aún, ¿tiene un trabajador argentino un incentivo claro para contribuir al sistema jubilatorio? ¿Puede acaso confiar que cuando tenga la edad para retirarse, el ahorro acumulado y administrado por el Estado alcanzará para tener una calidad de vida digna?

Los derechos de propiedad no son los privilegios de los ricos para mantener sus ventajas, sino el marco jurídico fundamental para que todos los actores sociales puedan aportar al proceso de desarrollo confiando en que se habrán de respetar los pactos elementales, formales e informales, incluyendo, por ejemplo, el valor de la moneda y el cuidado del ahorro solidario acumulado por la sociedad para financiar a las personas mayores.

En consecuencia, es importante generar un cambio decisivo en la percepción que empresarios y trabajadores tienen sobre sus derechos de propiedad. Si perciben que las nuevas reglas de juego se mantendrán en el tiempo, van a estar dispuestos a invertir e innovar. Para asegurar dicha estabilidad en el tiempo, se requieren modificaciones al régimen institucional que lleven a un sistema donde se pueda gozar plenamente de los beneficios de la libertad.

Se requiere un cambio integral y consensuado en el sistema institucional que genere las fortalezas y los frenos y contrapesos adecuados para que empresarios y trabajadores confíen que en el futuro se evitarán los saltos permanentes de las reglas de juego, que habrá estabilidad micro y macroeconómica y que será posible implementar políticas públicas que apunten a responder a las nuevas demandas de la ciudadanía sin poner en riesgo los logros alcanzados. Solo así se percibirá que disfrutar de los beneficios de la libertad es posible y aumentará la inversión en capital físico y humano para que el país pueda experimentar un desarrollo equitativo y sustentable.

Cambios integrales

El sistema institucional argentino posee hoy un Congreso que no es lo suficientemente independiente del Poder Ejecutivo Nacional (PEN). Para sus carreras políticas, los legisladores dependen de los gobernadores, que, a su vez, se subordinan al PEN, debido a las deficiencias del sistema de coparticipación federal. Esto vulnera las autonomías provinciales y tergiversa todo el funcionamiento del sistema político. En efecto, el presidente, que es el titular del PEN, tiene una influencia determinante tanto en el Poder Legislativo como en la vida interna de los estados provinciales.

Cuando James Madison y otros "padres fundadores" crearon un esquema presidencial de tres poderes para los Estados Unidos (Ejecutivo, Legislativo y Judicial), luego adoptado por la Argentina y casi todos los países de la región, pensaron en un sistema en el cual la "ambición" de un poder contrarrestase la de los otros. Se trata de un equilibrio complejo, no exento de tensiones, pero la idea de controles mutuos y permanentes surgía de una meta común: evitar los excesos característicos de las monarquías.

Como es evidente, estos contrapesos no existieron nunca en la Argentina. Los presidentes suelen desarrollar sus agendas sin el consenso del conjunto del sistema político, y para lograrlo disponen de mecanismos de coacción, sobre todo en términos fiscales, que limitan la capacidad de decisión de los gobernadores y de ese modo logran que el Congreso no le ponga trabas. Esto puede significar un giro a la derecha, que implique privatizar y abrir la economía, o bien a la izquierda, con las consabidas estatizaciones y controles extremos de la economía. Lo que es más interesante aún, muchas veces se trata de los mismos legisladores que votan con la misma "convicción" políticas totalmente opuestas desde el punto de vista ideológico. Para peor, las típicas cesiones de facultades, como las leyes de emergencia o los "superpoderes", profundizan este desbalance institucional.

El sistema electoral, además, genera un sistema de partidos fragmentado y otorga ventajas legislativas al partido más grande e influyente, el peronismo. Esto ocurre porque las provincias chicas en términos de población, donde el PJ construyó un sistema de poder muy sólido, están sobrerrepresentadas en el Congreso. Paradójicamente, esto fue exacerbado en una de las últimas decisiones políticas de la dictadura militar. Como consecuencia, dada la fragmentación de los partidos de la oposición, el sistema político queda totalmente desbalanceado, dificultando la posibilidad de una alternancia efectiva.

La falta de controles firmes sobre el manejo de recursos públicos deriva en un uso electoral del aparato estatal a través del patronazgo (otorgamiento de empleo estatal a la tropa propia) y del clientelismo (beneficios sociales contra "prestaciones", como el voto o la participación en manifestaciones). Estos factores disminuyen la calidad de las políticas públicas, dada la falta de un "servicio civil" profesional y meritocrático, como existe en muchos países, como Singapur y Francia. También entorpecen la competencia electoral, "inclinando la cancha" hacia quien está en el gobierno. La evidencia empírica es concluyente: desde la vuelta de la democracia, casi ningún gobernador que buscó la reelección fue derrotado. Y, por lo general, el partido que está en el gobierno tiene enormes chances de seguir en el poder, aun con un cambio en el liderazgo.

El patronazgo y el clientelismo también ganan relevancia en las provincias más chicas. El gobierno nacional les transfiere muchos más recursos per cápita, dado que es más "barato" conseguir allí los apoyos necesarios para que el Poder Ejecutivo pueda ver aprobadas las leyes que envía al Congreso. Estas provincias suelen ser, además, las de menor calidad democrática. Así, los actores con peores instituciones republicanas logran un poder de decisión clave en asuntos nacionales y trasladan las prácticas de sus cuasifeudos a la esfera nacional.

Las fallas en el sistema electoral, el desbalance institucional y el sistema clientelar imposibilitan el funcionamiento de sistemas de control en el Poder Judicial y en la Auditoría General de la Nación (AGN), que deberían imponer restricciones a las acciones del PEN y castigar a los funcionarios públicos que violasen sus obligaciones. Así se cierra el círculo vicioso: los políticos no deben rendir cuentas a los votantes (sus "clientes"), pero sí a los gobernadores de sus provincias, que dependen de los recursos del PEN. Por lo tanto, diputados y senadores carecen de incentivos para establecer organismos de control efectivos, cuya ausencia habilita el uso clientelar del Estado. Las deficiencias del sistema institucional se retroalimentan. Es preciso romper este perverso círculo vicioso desbaratándolas en simultáneo.

Nuestra propuesta consiste en un conjunto interrelacionado de reformas al sistema electoral, al sistema de controles públicos y de funcionamiento del Estado y a la distribución de recursos fiscales federales (Figura 1).

Es preciso enfatizar que estas reformas se deben implementar en conjunto. De otro modo, es muy probable que fallen, como un trípode al que se le rompe una pata. En años recientes se crearon agencias de control para, en teoría, garantizar la transparencia del gasto público o mecanismos para aumentar supuestamente la independencia del Poder Judicial. Todas fracasaron al calor del hiperpresidencialismo, no solo

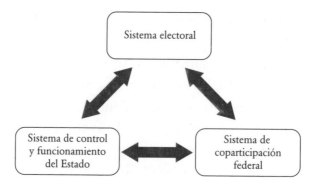

Figura 1. Los cambios institucionales deben estar interrelacionados.
Fuente: elaboración propia.

porque resultaron parciales e inconexas, sino porque
no había un consenso amplio y sólido en mejorar la
calidad de las instituciones democráticas. El denominado Sinapa (Sistema Nacional de Administración Pública), en los años noventa, parecía inaugurar una era
de servicio civil independiente y profesional, pero el
tiempo lo relegó casi al olvido. Hoy, la mayor parte
de los nuevos empleados públicos son contratados sin
concurso ni calificación más allá de la lealtad a un
grupo, facción o partido determinado. Una reforma
electoral que no solucione al mismo tiempo los otros
déficits institucionales sería entonces ineficiente y de
corta vida.[1]

---

1. El presidente Julio A. Roca impulsó una reforma electoral en 1902
que implementó el voto por circunscripciones uninominales, con el
objetivo de mejorar las instituciones. Este sistema se usó en las elecciones de 1904, sin éxito. El uso de las maquinarias partidarias y de
recursos oficiales por parte de los gobernadores definieron la elección. Fue derogado en 1905.

Cambios surgidos del consenso

En los países desarrollados, sobre todo luego de la segunda posguerra, las instituciones políticas suelen nacer fuertes. Se mantienen en el tiempo y las reglas que crean tienden a cumplirse, pues de lo contrario existen sanciones rápidas y ejemplificadoras. Esas instituciones son el resultado de un equilibrio político, en el que los actores relevantes opinan, negocian y votan, y esos acuerdos reflejan una distribución de poder, pensados en el largo plazo para generar un entorno de baja incertidumbre a pesar de eventuales cambios electorales y en las preferencias de los ciudadanos, incluso en materia económica. Pues, si se requieren cambios, también estos son debatidos en función de los dispositivos existentes, respetando el derecho de las minorías y contemplando el derecho al disenso.

En la Argentina, por el contrario, somos "reformadores seriales". Las instituciones nacidas tras cada reforma no se respetan ni son duraderas. Ejemplos de este hiperactivismo de patas cortas son las votaciones a velocidad récord de políticas tan importantes como la privatización o la estatización del sistema de pensiones y de YPF, la Ley de Medios o los nuevos Códigos Civil y Procesal Penal.

Creemos, sin embargo, que la actual coyuntura presenta una oportunidad única para gestar un cambio institucional consensuado por gran parte de las fuerzas políticas más relevantes, que sea resistente a los embates de grupos de poder y en consecuencia constituya un compromiso más duradero. Así como la experiencia de la última dictadura cementó la idea en la población y en los actores políticos de que la democracia era el único camino para construir poder, la experiencia de los últimos años y los fracasos recurrentes están generando un consenso acerca de la necesidad de introducir cambios institucionales para que la democracia funcione en sus objetivos de elevar el bienestar general y disfrutar de los beneficios de la libertad.

Muchas veces se escucha hablar de "políticas de Estado", que suelen referirse a aspectos operativos: ¿YPF tiene que ser estatal o privada? ¿Debe generalizarse la Asignación Universal por Hijo? Pensamos, por el contrario, que las políticas de Estado que se deben consensuar son las referidas a las reglas del juego más sensibles: el sistema electoral, de controles y el federalismo. Solo los nuevos incentivos que estos cambios institucionales impondrán sobre políticos y ciudadanos harán posible la implementación de políticas sociales y económicas efectivas y duraderas. Proponemos entonces modificar esos incentivos, para que los actores políticos, sociales y empresariales ganen también individualmente con comportamientos que promuevan una interacción estratégica mucho más virtuosa en términos de calidad democrática, desarrollo humano e inclusión.

Fortaleza vs. tamaño del sector público

Nuestra propuesta es ideológicamente neutra en el sentido de la clásica disputa entre Estado y mercado.

No incluye ninguna prescripción económica (excepto en lo referido al sistema de coparticipación, con fuerte impacto en el funcionamiento de las instituciones). No promueve un Estado más chico ni grande, ni a una economía más abierta o más cerrada, ni a más o menos regulación. La Argentina ya probó todas estas opciones y fracasó tanto en los intentos estatistas como en los aperturistas. Es más, es el país que más osciló, violentamente, de una política a la otra.

Tampoco incorporamos recetas sobre políticas sociales, como las educativas, de seguridad o de salud. Si bien son todos aspectos muy importantes para el bienestar y el crecimiento de un país, existen múltiples propuestas superadoras de las políticas actuales. También contamos con una vasta y rica experiencia comparada para aprender y enriquecer el debate, tanto en la región como en el resto del mundo en desarrollo. Nuestro planteo enfatiza que lo que falla en la Argentina es que, cualquiera sea la política que se quiera implementar, se lo hace de forma deficiente y no consistente en el tiempo como consecuencia de profundas fallas en el sistema institucional.

La Figura 2, tomada del autor Francis Fukuyama, expresa esta digresión entre el tamaño del Estado (conjunto de funciones y objetivos que asume un gobierno) y su fortaleza (capacidad institucional o habilidad para planificar y ejecutar políticas y para implementar –*enforce*– las leyes transparentemente). Los Estados Unidos se sitúan en el cuadrante I: Estado pequeño con alta capacidad institucional. Francia o Japón, en el cuadrante II: Estados grandes y alta capacidad. Argentina pasó del cuadrante III en los noventa al cuadrante IV hoy: Estado grande, altamente ineficiente. Creemos que es posible implementar un conjunto de reformas institucionales que nos lleven al cuadrante I o, teniendo en cuenta el actual consenso social pro estatista, seguramente al II.

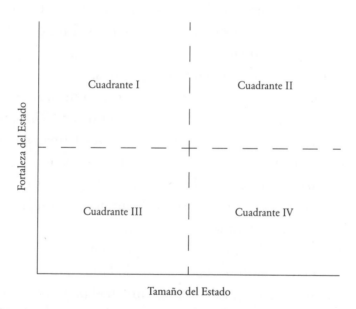

Figura 2. Fortaleza vs. tamaño del Estado. *Fuente:* Fukuyama (2004).

Es urgente comenzar el proceso de cambio

La Argentina necesita emprender urgentemente un proceso de reforma de sus instituciones. El bajo crecimiento económico y las recurrentes crisis que generó en las últimas décadas la falta de una infraestructura institucional adecuada relegan cada vez más al país en el conjunto de las naciones y aumentan la desigualdad hasta niveles incompatibles con una sociedad democrática. Si seguimos en esta inercia, el país seguirá sin disfrutar los beneficios de la libertad.

De 1970 a 2014, el crecimiento promedio de la economía argentina fue del 2,4%, contra el 3,8% promedio (simple) de las economías latinoamericanas. Además de ser más bajo, fue 16% más volátil que en el resto de la región. Una comparación con países emergentes asiáticos nos dejaría aún mucho peor parados.

Como consecuencia, el PIB per cápita de la Argentina fue en 2010 apenas 30% más alto que en 1970. En el mismo período, en el resto de América latina creció 100%. Solo Venezuela tuvo un desempeño peor.

El bajo crecimiento, la recurrencia de grandes crisis y la mala calidad de las políticas públicas redundaron en las últimas décadas en un aumento notorio de la pobreza y la desigualdad, algo que ocurrió en pocos países de la región. El coeficiente de Gini, que mide la desigualdad del ingreso, es más alto en el país que a inicios de los noventa. En el mismo período, experimentó una baja sistemática en el Brasil, Chile y México.[2] El porcentaje de hogares por debajo de la línea de pobreza era del 2,6% en 1974. Las sucesivas crisis económicas y posteriores recuperaciones hicieron que este indicador

---

2. El coeficiente de Gini compara la distribución del ingreso con una distribución teórica de perfecta igualdad. Toma valores entre 0 (perfecta igualdad) y 1 (perfecta desigualdad). Un nivel más alto denota una distribución del ingreso más desigual.

sufriera importantes fluctuaciones, pero la tendencia fue creciente: luego de subir abruptamente durante la crisis de 2001-2002, bajó al calor de la recuperación económica y de las políticas de distribución implementadas en la última década, pero comenzó a subir nuevamente desde 2012 a la fecha. Según el Observatorio de la Deuda Social de la Universidad Católica Argentina, se encontraba en el 18,3% de los hogares en 2014 (28,7% de la población).

De persistir esta mala *performance*, en los próximos treinta años el PIB de las demás economías latinoamericanas crecerá 50% más que el de la Argentina. Eso va a pasar a menos que modifiquemos las instituciones, en particular si consideramos que a fines de 2015 los desequilibrios económicos de nuestro país eran más profundos que los de la mayoría de la región, excepto Venezuela. Emprender un proceso de cambio es urgente.

Institucionalismo: del voluntarismo a la implementación efectiva

Los cambios propuestos en este libro se inscriben dentro de una larga tradición intelectual que ha ganado un fuerte impulso recientemente: el institucionalismo.

Las instituciones son las reglas y los procedimientos que estructuran la interacción social y que habilitan y restringen las acciones de las personas. Esta corriente pregona su importancia para el desarrollo. El ejemplo más importante es la relevancia en el debate internacional del libro de Daron Acemoglu y James Robinson, *Por qué fracasan las naciones*, que intenta explicar las diferencias de riqueza de distintos países en función de un principio fundamental: si tienen instituciones inclusivas o extractivas.

Es importante destacar que un simple cambio de reglas y procedimientos no revertirá en sí mismo nuestro largo proceso de deterioro. El problema es que la Argentina está llena de reglas, que se han modificado muchas veces, pero que no se cumplen. Como en muchos otros países emergentes, las instituciones son débiles y predominan los acuerdos informales: reglas sociales compartidas, generalmente no escritas, creadas, comunicadas y hechas cumplir fuera de los mecanismos oficiales.

Como ejemplo de instituciones débiles, pensemos en la capacidad de control que la Auditoría General de la Nación tiene respecto del Poder Ejecutivo. Lo mismo ocurre con la Oficina Anticorrupción. Sin duda, la Argentina cuenta, en los papeles, con un conjunto amplio de mecanismos de control de los actos de los gobernantes. En la práctica, sin embargo, los sucesivos gobiernos se han visto poco limitados en su acción por estos organismos. Ese es un ejemplo de "institución débil". Los procedimientos de aprobación de leyes en el Congreso y el funcionamiento interno de los partidos políticos, por su parte, son casos de "instituciones informales". Sería esperable que las leyes se negociasen entre las bancadas oficialistas y opositoras en el Parlamento. Sin embargo, la práctica habitual es que la puja sea entre el

PEN y los gobernadores, que luego "instruyen" a los diputados de sus provincias sobre "cómo votar". Existe, por otra parte, un conjunto de órganos de conducción y decisión establecidos en la Ley de Partidos Políticos. Sin embargo, rara vez se reúnen y las reglas del partido se violan abiertamente todo el tiempo.

Cambiar las instituciones y su funcionamiento no es sencillo. El hecho de que muchas reglas y procedimientos no se cumplan y que existan mecanismos alternativos obedece a costumbres muy arraigadas y, más importante aún, a un conjunto de intereses muy fuertes que responden al actual equilibrio de poder dominado por el hiperpresidencialismo.

La experiencia internacional muestra, sin embargo, que es posible mejorar y fortalecer las instituciones, aunque sea un proceso costoso que lleva mucho tiempo. Existen tres fuerzas complementarias que permiten la transformación de instituciones informales:

1) *Cambio de las instituciones formales donde haya que cambiarlas.* Las modificaciones en las reglas de juego alteran costos y beneficios relativos de operar con viejas reglas informales, por lo que pueden llevar a mejoras en la operación real. En el caso de la Argentina, por ejemplo, la introducción de cambios en las reglas y los procedimientos electorales podrían producir una transformación en los incentivos de los legisladores para convertir al Congreso en un contrapeso eficaz al Poder Ejecutivo.

2) *Cambios en la distribución de poder y recursos.*
Eventos externos producen cambios en la distribución de poder y recursos entre los distintos actores políticos, lo que debilita a los que se beneficiaban con un determinado *statu quo*. En la Argentina se identifican al menos dos fenómenos al respecto. El primero, relativamente nuevo y probablemente con una influencia real acotada, se hizo evidente con la crisis de la Resolución 125 en 2008, que mostró la fortaleza relativa del segmento agroexportador argentino y una alianza contingente e implícita con sectores urbanos de ingresos medios y altos. Los intereses de estos grupos se orientan hacia una mayor eficiencia estatal y una menor presión impositiva, y se oponen a los de otros sectores urbanos que han peleado históricamente por gravar al campo para redistribuir hacia grupos de menores ingresos. Esa convergencia de intereses no tuvo una expresión política clara y contundente (en este sentido, la coalición Cambiemos solo representa en forma parcial estos intereses). El segundo fenómeno es la oportunidad que podría brindar una nueva crisis macroeconómica o el comienzo de un nuevo gobierno que tenga el mandato o la vocación de transformar el país, aún más en el contexto de una nueva generación de dirigentes accediendo al poder. Estos factores podrían debilitar las

redes clientelares profundizadas en los últimos años y abrir la posibilidad de implementar una agenda de cambios institucionales como los que sugerimos en este libro.

3) *Cambios en las creencias y las experiencias.* Si las creencias compartidas sobre costos y beneficios de las reglas vigentes cambian a lo largo del tiempo, puede entonces surgir la oportunidad para avanzar en un proceso de reformas institucionales. Steven Levitsky, profesor de la Universidad de Harvard, señala el rol que un gobierno particularmente abusivo o corrupto puede producir al respecto. La experiencia de los últimos años en la Argentina aumentó el consenso acerca de la necesidad de una mejora institucional, de limitar la discrecionalidad estatal y de disminuir la corrupción, del mismo modo que la última dictadura permitió construir un acuerdo básico sobre la democracia como forma de acceder al poder, y la crisis de 2001-2002, acerca de la necesidad del Estado de poner foco en los más necesitados con políticas solidarias que limiten, aunque no reduzcan del todo, la pobreza y la marginalidad.

Sin embargo, cuando comenzamos a pensar en este libro, hace ya más de dos años, nos cuestionábamos si no sería difícil convencer a la población general acerca de la importancia de estos temas. También nos

preguntábamos cuál sería el incentivo de los principales líderes del Partido Justicialista, dominador de
la escena política argentina desde hace décadas, para
introducir cambios al sistema que le ha redituado amplios beneficios electorales. Sin embargo, los hechos
de agosto de 2015 en Tucumán quizá permitan pensar
mejor ambas preguntas. Las acusaciones de fraude y
el uso obsceno del clientelismo durante la elección
a gobernador de esa provincia pusieron la cuestión
electoral en la agenda ciudadana y de los medios de
comunicación. Esto constituye un incentivo novedo-
so al PJ y a todos los partidos para reformar el sistema
electoral: si no se efectúa, se corre el riesgo de elegir
gobernantes sin legitimidad de origen entre las clases
medias, lo que haría imposible que se pueda gobernar
de forma efectiva.

2
Sistema político y régimen electoral

El régimen electoral es una pieza clave en el diseño institucional de un país. Es el mecanismo por el que el pueblo, que es el soberano, elige a sus representantes y les delega su poder. Como dice el artículo 22 de la Constitución Nacional: "El pueblo no delibera ni gobierna, sino por medio de sus representantes y autoridades creadas por esta Constitución".

La interacción del régimen electoral con el sistema político en el que opera y con el sistema de controles determina cómo se fiscaliza a los representantes del pueblo. Es decir, incide en cómo los representantes rinden cuentas al soberano.

El idioma inglés tiene una palabra muy precisa para este concepto: *accountability*. Implica un vínculo muy singular entre ciudadanos y representantes, donde impera una tensión latente y a veces explícita: con el tiempo, en la medida en que existe estabilidad en las reglas del juego y aprendizaje por parte de los actores, la demanda de bienes públicos fuerza a los representantes a administrar con austeridad e inteligencia los recursos de los contribuyentes. Tiende de este modo a establecerse un círculo virtuoso entre los componentes esenciales del sistema democrático: ciudadanos que exigen y obtienen al menos parcialmente respuestas a sus demandas, y representantes que logran legitimidad de ejercicio al satisfacer las peticiones de sus representados. El qué (la política pública) y el cómo (la calidad de la gestión) quedan de este modo expuestos a la consideración de la opinión pública, que está en condiciones de debatir y expresar sugerencias y críticas para mejorar el proceso y la calidad de las decisiones.

Este eje delegación-*accountability* aparecerá repetidamente a lo largo del libro.

Se puede pensar el sistema electoral como una maquinaria compuesta por distintos engranajes (Figura 3). De acuerdo con cómo funcionen y a su interacción con el sistema político en el que operen, se producirán distintos resultados. Entre los engranajes se encuentran la magnitud de los distritos electorales y las reglas para calcular cuántas bancas obtiene cada partido, el control de las candidaturas, las condiciones para crear partidos y alianzas y el proceso de votación. Este último incluye aspectos que van desde el financiamiento a las campañas y el control del proceso electoral hasta cómo se emite el voto; por ejemplo, si hay listas únicas o si cada partido tiene boleta propia, tema de debate en la elección presidencial de 2015.

De acuerdo con el funcionamiento de esta compleja maquinaria surgirá un sistema de partidos, un conjunto de incentivos a los políticos y a los votantes, el proceso electoral será más o menos transparente, competitivo y legítimo, se implementarán mejores o peores políticas públicas, y los políticos serán más o menos *accountable*. Estas características no dependen solamente del sistema electoral. El sistema de partidos no solo es función de las reglas electorales, si bien estas son muy importantes en su determinación, sino también de la historia del país, de divisiones geográficas, ideológicas, etcétera. Mostraremos, por ejemplo, cómo la mala calidad de las políticas públicas y la falta de *accountability* en la Argentina es también consecuencia de la falla en los sistemas de control y del régimen de coparticipación federal. El sistema electoral es, sin embargo, uno de los principales determinantes de ese (mal) funcionamiento de nuestras instituciones fundamentales.

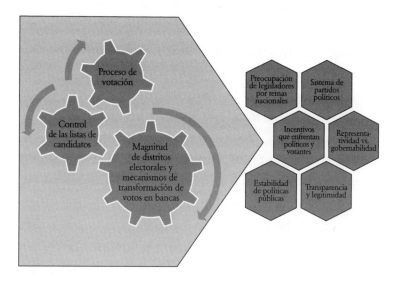

Figura 3. El diseño del sistema electoral tiene importantes consecuencias. *Fuente:* elaboración propia.

¿Cómo funcionan estos engranajes en la Argentina? ¿Cuál fue su impacto en el desarrollo político del país? ¿Qué resultados u objetivos básicos buscamos de un sistema electoral? Antes de analizar esas cuestiones, nos enfocaremos en un elemento importante y, al menos en el corto y mediano plazo, ciertamente inamovible del sistema político argentino: el presidencialismo. Es importante entender cómo está diseñado el poder del presidente y del Congreso en nuestra Constitución para pensar qué resultados buscamos del sistema electoral de manera de hacer nuestro sistema presidencial más eficiente.

El presidencialismo en la Argentina

La Argentina, al igual que todas las repúblicas de América latina, eligió un sistema presidencial, con mandatarios que acumulan grandes poderes, constituyéndose en los ejes fundamentales los respectivos sistemas políticos.

¿Por qué eligieron esta opción los países de la región? En Europa, por el contrario, predominan los esquemas parlamentarios, porque cuando comenzaron a implementarse sistemas constitucionales, los países eran, en general, monarquías. Contaban con un jefe de Estado (el rey) y necesitaban un método para elegir al jefe de gobierno (el primer ministro). En América latina, en cambio, casi todas las naciones se independizaron como repúblicas: requerían un sistema constitucional para elegir jefe de Estado y de gobierno al mismo tiempo.

Es importante entender qué diferencia un sistema parlamentario de uno presidencialista por tres razones. En primer lugar, permite comprender con mayor precisión cómo se supone que funcionan los mecanismos de frenos y contrapesos (*check and balances*) en un sistema presidencial. En segundo lugar, nos abre la oportunidad para reflexionar en torno a la reforma constitucional de 1994 y el intento, eventualmente fallido, de limitar los excesos del presidencialismo con la introducción de algunos atributos propios del parlamentarismo, como la figura del jefe de Gabinete que, en la práctica, no tuvo el impacto esperado. En tercer lugar, contribuye a alimentar el debate sobre potenciales reformas institucionales profundas, un tema aún vigente dado que hay observadores que siguen opinando que lo mejor para la Argentina sería la adopción de un sistema parlamentario, para evitar las interrupciones a los mandatos que experimentamos múltiples veces a lo largo de nuestra historia.

Tres características distinguen un sistema presidencial de uno parlamentario:

1) El jefe de gobierno es electo por el pueblo, por voto directo o indirectamente a través de un colegio electoral (en el parlamentario, es elegido por el Parlamento).

2) El mandato del presidente tiene un término fijo y no puede ser removido por el Congreso, excepto por causas especiales, como las establecidas

por la Constitución en el art. 53: "por mal desempeño o por delito en el ejercicio de sus funciones; o por crímenes comunes" (en el parlamentario, el jefe de gobierno y su gabinete pueden ser removidos si no cuentan con un voto de confianza del Parlamento).

3) El gabinete es nombrado y removido por el presidente.

La Figura 4 muestra cómo varía la delegación de poder y los mecanismos de *accountability* entre un sistema parlamentario y uno presidencial. En el primero, el electorado elige al Parlamento. Allí se tiene que formar una mayoría para optar por un primer ministro, que a su vez elige su gabinete. El mismo Parlamento puede remover al primer ministro con un "voto de confianza". La burocracia estatal responde a un solo cuerpo, el gabinete, que a su vez rinde cuentas ante el Parlamento. El jefe de gobierno cuenta necesariamente con mayoría en el Parlamento. Sin ella, no podría ser primer ministro.

¿Con qué mecanismos cuenta el electorado para controlar al primer ministro? Principalmente, con la "amenaza" de quitarle la mayoría parlamentaria en las siguientes elecciones y, de ese modo, removerlo de sus funciones.

En el sistema presidencial, en cambio, el electorado elige de forma separada y por un período fijo al presidente y al Congreso. Esto hace que el primero pueda no tener mayoría en el parlamento, lo cual puede conducir a un bloqueo en la gestión del gobierno, o bien a que el presidente busque avanzar en su agenda sin el consenso de las principales fuerzas políticas y con recursos institucionales legales por lo menos discutibles, como medidas de emergencia o decretos de necesidad y urgencia (*executive orders* en los Estados Unidos).

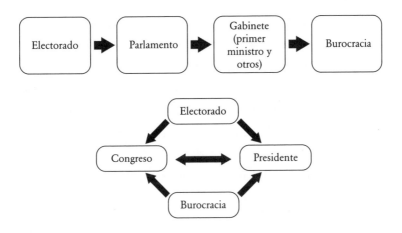

Figura 4. Delegación de poder y control del poder: parlamentarismo vs. presidencialismo. *Fuente:* adaptado de Sartori (1994).

Las principales críticas que suelen recibir los sistemas presidencialistas son:

1) *Que suelen conducir al inmovilismo* cuando el presidente no controla una o ambas cámaras en el Congreso, es decir, es un gobierno minoritario, también llamado "dividido", porque distintos partidos controlan los poderes Ejecutivo y Legislativo. El riesgo es mayor cuanto más grande

es la fragmentación de los partidos políticos. Varias veces en nuestro país gobiernos radicales enfrentaron este problema. En la región, el Brasil lo experimentó en muchas oportunidades desde el retorno a la democracia en 1985 y lo sufrió nuevamente en 2015, debido a la fragmentación de su sistema de partidos.[3]

2) *Que tienen baja capacidad para enfrentar crisis mayores.* No tienen forma (al menos que no sea costosa institucionalmente) de reemplazar a un presidente que se ha vuelto impopular y no cuenta con mayoría parlamentaria. Este problema es muy agudo en América latina, sujeta a shocks macroeconómicos más fuertes que otras regiones debido a su fuerte dependencia de los volátiles precios de los *commodities* y a

---

3. ¿Cómo lograron solucionar el problema del inmovilismo en los Estados Unidos? A partir de la presidencia de Dwight Eisenhower, en 1954, el partido del presidente pocas veces controló el Congreso. Según el prominente profesor de Columbia Giovanni Sartori, el sistema funciona a pesar de su diseño y no gracias a él. El mismo experto expone tres características que permiten evitar el inmovilismo: 1) los partidos no tienen ideologías tan fuertes; 2) los partidos son indisciplinados y 3) la política tiene foco local. Las últimas dos son consecuencia del sistema electoral de circunscripciones uninominales, como veremos más adelante. En su conjunto, permiten que los presidentes consigan mayorías para aprobar leyes gracias a votos de la oposición, muchas veces a cambio de favores para las circunscripciones de dichos legisladores (*pork-barrelling*). El aumento de la polarización ideológica reciente, entre otros factores debido a la irrupción del Tea Party dentro del Partido Republicano, redundó en mayores dificultades para aprobar leyes, llevando a una crisis en el gobierno en 2011 y 2013 (*debt ceiling crisis*).

una desigualdad en el ingreso mayor que en el promedio de los países democráticos. El caso de Fernando de la Rúa en 2001, año en que los *commodities* alcanzaron su precio más bajo en muchas décadas, es un buen ejemplo. El inmovilismo puede además llevar a la anarquía, como en los primeros días de 2002 en la Argentina. En un sistema parlamentario, estos conflictos se resuelven, en términos relativos, más fácilmente: el Parlamento remueve al primer ministro y se avoca a la formación de otra mayoría que nombre un sucesor. Si ningún partido o alianza llega a formarla, se llama a nuevas elecciones.

Otro riesgo relacionado con el presidencialismo es el exceso de poder, con tendencia a la tiranía, o al menos al desarrollo de prácticas abusivas que lesionen los derechos de los ciudadanos. La historia (y el presente) de América latina y en particular de Argentina están repletas de estos episodios.

En general, las constituciones de los países de la región tendieron a otorgar más poderes a los presidentes que, por ejemplo, los Estados Unidos. En particular en la Argentina, esto fue resultado principalmente del temor a reincidir en la anarquía que se vivió luego del período de independencia de España. Juan Bautista Alberdi abogó en reiteradas oportunidades por un presidente fuerte en su libro *Bases*. Cita con aprobación a Simón Bolívar cuando dijo: "Los nuevos Estados de la

América antes española necesitan reyes con nombre de presidentes". Luego, al analizar la Constitución de Chile, escribió: "Ha hecho ver que entre la falta absoluta de gobierno y el gobierno dictatorial hay un gobierno regular posible; y es el de un presidente constitucional que pueda asumir las facultades de un rey en el instante que la anarquía le desobedece como presidente republicano".

La Argentina tiene un presidencialismo muy fuerte. La Constitución otorga al primer mandatario más prerrogativas que en otros países: es fijador de la agenda legislativa (poderes proactivos) y agente de veto legislativo (poderes reactivos). Adicionalmente, la interacción con el régimen de coparticipación y controles débiles le dieron, luego de la crisis de 2001-2002, poderes adicionales, extraordinarios y a menudo abusivos, que en la práctica limitan el ejercicio de los derechos y erosionan la capacidad de control que deben tener los otros poderes del Estado: el Legislativo y el Judicial.

Además, el presidente también puede emitir decretos de necesidad y urgencia (DNU). La Constitución de 1994 en su art. 99 limita su uso a cuando "circunstancias excepcionales hicieran imposible seguir los trámites ordinarios previstos por esta Constitución para la sanción de las leyes" y su alcance a que "no se trate de normas que regulen materia penal, tributaria, electoral o el régimen de los partidos políticos". Sin embargo, en la práctica su empleo es muy extendido, como se puede ver en la Tabla 1. La Constitución de 1994 estableció que: "Una ley especial sancionada con

Presidente	Decretos de necesidad y urgencia				Vetos		
	Período	Cantidad	Meses	Promedio/mes	Totales	Parciales	Insistencias
Raúl Alfonsín	1983-89	10	68	0,1	37	12	1
Carlos Menem	1989-99	274	126	2,2	91	104	30
Fernando de la Rúa	1999-01	62	24	2,6	26	20	6
Eduardo Duhalde	2002-03	155	17	9,1	13	24	2
Néstor Kirchner	2003-07	236	54	4,4	13	25	0
Cristina Kirchner	2007-10	15	35	0,4	2	16	0

Tabla 1. Uso de decretos y vetos por los presidentes argentinos.

Fuente: Bonvecchi y Zelanik (2012) y Balán y Tiberti (2014).

la mayoría absoluta de la totalidad de los miembros de cada Cámara regulará el trámite y los alcances de la intervención del Congreso" para el tratamiento legislativo de los DNU.

La ley de 2006 que regula su tratamiento determinó que sean a libro cerrado y automáticamente aprobados si dentro de los diez días de ser emitidos no son rechazados por ambas cámaras. Es decir, los decretos se aprueban tácitamente, con la sola inacción del Congreso, a diferencia del Brasil, por ejemplo, donde una *medida provisória* requiere ser aprobada por ambas cámaras para convertirse en ley.

En cierto sentido, sin embargo, la ley de 2006 restringió el poder de decreto del presidente. Antes de que esta ley fuese promulgada, el Congreso tenía que aprobar una ley para rechazar un decreto presidencial. Las leyes pueden ser vetadas por el presidente, y en ese caso el Congreso necesita dos tercios de cada cámara para poder anular el veto. Es decir, un presidente que controlara al menos un tercio de una de las cámaras ya podría gobernar por decreto. Luego de la sanción de la ley de 2006, el Congreso rechaza los decretos mediante resoluciones que no están sujetas al veto presidencial. Es decir, un presidente necesita al menos una mayoría en una de las cámaras para poder gobernar por decreto.

Otro poder con el que cuenta el presidente es que es el único que presenta el proyecto de presupuesto y el Congreso no puede aumentar los gastos indicados sin especificar la fuente de ingresos para solventarlos.

En cuanto a los poderes reactivos, el Poder Ejecutivo cuenta con la prerrogativa de veto total y parcial de leyes aprobadas por el Congreso, facultad también usada extensamente, como se observa en la Tabla 1.

Este conjunto de facultades pone a la Argentina al tope de la lista de prerrogativas presidenciales en comparación con un conjunto amplio de países con sistemas similares.

El indicador del Gráfico 1 no considera que, además, el Congreso cedió poderes legislativos adicionales en los últimos años a través de la Ley de Emergencia Económica y los llamados superpoderes, como veremos en detalle en el capítulo 3. Una ironía, ya que las cifras oficiales distaban de mostrar una situación de emergencia económica.[4]

La existencia de amplios poderes presidenciales introduce, entonces, el riesgo del hiperpresidencialismo, la mencionada tendencia a la tiranía. Esto se acentúa en contextos de expansión económica, fundamentalmente

---

4. La Constitución dice en su art. 29: "El Congreso no puede conceder al Ejecutivo nacional, ni las Legislaturas provinciales a los gobernadores de provincias, facultades extraordinarias, ni la suma del poder público, ni otorgarles sumisiones o supremacías por las que la vida, el honor o las fortunas de los argentinos queden a merced de gobiernos o persona alguna. Actos de esta naturaleza llevan consigo una nulidad insanable y sujetarán a los que los formulen, consientan o firmen, a la responsabilidad y pena de los infames traidores a la Patria". Y en el art. 76: "Se prohíbe la delegación legislativa en el Poder Ejecutivo, salvo en materias determinadas de administración o de emergencia pública, con plazo fijado para su ejercicio y dentro de las bases de la delegación que el Congreso establezca".

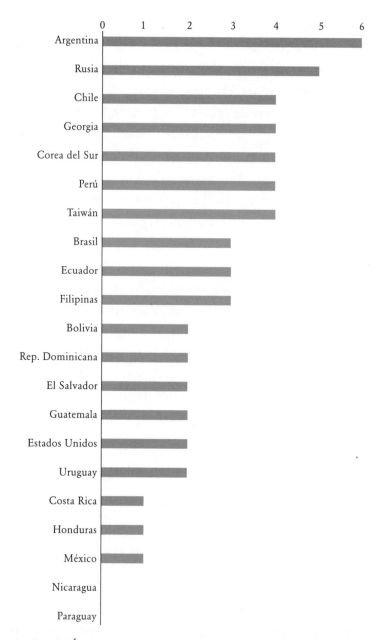

Gráfico 1. Índice de prerrogativas legislativas de los presidentes. *Fuente:* Shugart y Haggard (2001).

como resultado del aumento del precio de los productos primarios. Sin embargo, la reversión de esos ciclos también puede inducir a conflictos severos, pues las dificultades inherentes a una desaceleración económica suelen profundizarse como resultado del debilitamiento del liderazgo presidencial. En síntesis, este comportamiento binario del hiperpresidencialismo explica, al menos parcialmente, el perplejo y frustrante ciclo de estancamiento y reversión del desarrollo que viene experimentando la Argentina hace décadas.

¿Con qué mecanismos cuenta el electorado para controlar los excesos de poder del presidente? Los *contrapesos institucionales* funcionan dividiendo el poder entre el Poder Ejecutivo y el Congreso. La Constitución confiere a ambos, por ejemplo, un rol en la elaboración y aprobación de las leyes. Para ello, deben negociar. La existencia de varios jugadores con poder de veto en el proceso de aprobación de leyes y en otros aspectos del ejercicio del gobierno hace que existan esos contrapesos. A esto se agrega el control constitucional difuso del Poder Judicial.

Otras características de nuestro arreglo constitucional, en teoría, dividen más el poder. La primera es la existencia de un Congreso bicameral, con períodos de mandato distintos en cada cámara (cuatro años para Diputados y seis para Senadores), y el sistema federal, con competencias exclusivas para la jurisdicción nacional y para las provincias y otras compartidas en las que deben negociar.

De acuerdo con James Madison, uno de los "ingenieros" del sistema presidencial de tres poderes, planteado originalmente por Montesquieu, para que exista una separación de poderes efectiva, cada rama del gobierno tiene que tener una "voluntad propia". Es decir, cada poder debe ser independiente del otro. Además de una división de poderes, tiene que existir una división de propósito, voluntad o aspiración.

La Tabla 2 muestra la dicotomía entre división de poderes y de propósito. En un sistema parlamentario, como el del Reino Unido, están unificados porque el primer ministro y su gabinete son agentes del Parlamento. En uno presidencial como el de los Estados Unidos, hay una división clara de poder y de ambición entre el Congreso y el presidente, a lo que se suma una estructura federal que divide competencias y, por lo tanto, poder. La Argentina se sitúa hoy en el cuadrante de arriba a la derecha, mismo lugar que ocupaba México antes de las reformas introducidas gradualmente en las últimas décadas, sobre en todo en los años noventa.

		División de poderes	
División de propósitos	Unificado	Reino Unido	México hasta los 90
			Argentina
	Separado	Japón	Estados Unidos

Tabla 2. División de poderes vs. división de propósito o ambición. *Fuente:* adaptado de Haggard y Mc Cubbins (2001).

En la Argentina, la combinación de reglas electorales inadecuadas con el uso patrimonialista del Estado y con el régimen de coparticipación federal hace que no exista división de propósito, voluntad o aspiración entre los distintos poderes del Estado. Hoy, todos están a merced del presidente. Al igual que en otras democracias de países emergentes, se produce lo que el reconocido politólogo argentino Guillermo O'Donnell calificó como "democracia delegativa", basada en una premisa básica: "el que gana las elecciones tiene el derecho a gobernar como crea adecuado". El presidente "es la encarnación de la nación y el principal custodio del interés nacional, el cual le corresponde a él definir". Así, "se ve por encima de los partidos", "solo la cabeza sabe (qué hacer)" y ve otras instituciones como el Congreso o la Justicia como "molestias". Como ya analizamos, en un régimen delegativo la democracia se ve solamente como una forma de delegar poder, no de controlarlo. No hay *accountability*, o lo que llamamos "dimensión republicana" de la democracia.

Existe otra forma de pensar esta dicotomía entre hiperpresidencialismo e inmovilismo: la de incapacidad de decidir (indecisión) vs. incapacidad de comprometerse con una decisión ya tomada a lo largo del tiempo (irresolución).

En una importante serie de trabajos sobre las características de las políticas públicas en América latina del Banco Interamericano de Desarrollo (BID) y de otros investigadores, entre los que destacan varios argentinos como Pablo Spiller, Ernesto Stein y Mariano Tommasi, se llegó a la conclusión de que *la característica más notable en nuestro país es la inestabilidad.*

Una forma de analizar este fenómeno es a través de indicadores internacionalmente comparables de libertad económica, como el que realiza el Fraser Institute de Canadá, que se elabora agregando un gran conjunto de indicadores que abarcan varias áreas, como el tamaño del gobierno, la protección de los derechos de propiedad, la estabilidad de la moneda, la libertad para comerciar internacionalmente y las regulaciones económicas. Cuanto más alto el índice, más económicamente libre es el país. Esta información se recopila desde 1970.

En el Gráfico 2 se ve que la Argentina es, por lejos, el de políticas más volátiles entre los países seleccionados. De hecho, al 2000, era séptimo entre los 106 cubiertos por el estudio. Se pasó de un sistema abierto a uno más cerrado en los setenta, hubo un intento tenue de liberalización que luego fue revertido en los ochenta, y luego una liberalización importante en los noventa, que fue casi totalmente revertida en los 2000.

Ningún otro país tuvo un vaivén tan importante, con múltiples ciclos de apertura y cierre de la economía, estatización y nacionalización. Las AFJP (Administradoras de Fondos de Jubilaciones y Pensiones) forman parte del extenso anecdotario al respecto. En 1993, se aprobó su creación por 125 votos contra 119 en la

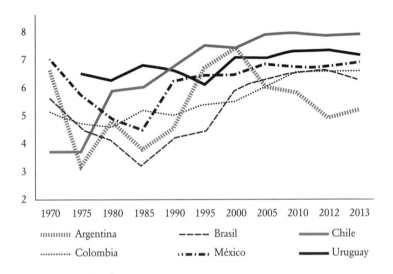

Gráfico 2. Índice de libertad económica. *Fuente:* Fraser Institute.

Cámara de Diputados, con muy poco tiempo para el debate e importantes cuestionamientos a los procedimientos. Pocos años después, su estatización fue aún más rápida, menos debatida y aún más escandalosa. Algunos políticos apoyaron y hasta votaron en el Congreso ambas instancias contrapuestas.

No solo las políticas económicas son volátiles en el país: las políticas educativa, social y exterior cambian tanto o más a menudo. Se pasa del tercermundismo a las relaciones "carnales" con los Estados Unidos y al alineamiento posterior con Venezuela e Irán o al establecimiento de alianzas estratégicas con Rusia y China sin que esto genere reacciones efectivas dentro y fuera de la política, incluyendo las organizaciones de la sociedad civil y los grupos de interés.

Esta volatilidad no es, sin embargo, gratuita.[5] Las políticas, por lo pronto, son menos creíbles. Supongamos que un presidente implementa la mejor legislación energética del mundo para intentar superar la grave crisis que atraviesa el sector. ¿Quién garantiza que ese marco regulatorio será finalmente respetado por los gobiernos que le sigan? Las inversiones en energía son muy de largo plazo, demasiado para un país que cambia las reglas de juego con tal vértigo.

Otro problema es que solo se genera credibilidad mediante mecanismos muy rígidos, que pueden resultar poco adaptables cuando es necesario cambiarlos. El mejor ejemplo es el de la Convertibilidad. Por más que un coro de observadores se la pasan criticándola, en su momento (1991) era la salida natural para un país que había registrado dos hiperinflaciones en apenas un año. Habiéndose quedado sin moneda propia, lo más razonable era mostrar un "cambio de régimen" monetario y fiscal, atándonos a una moneda con credibilidad. Pasados los años, la Argentina sufrió una serie de shocks que hacían que el tipo de cambio fijo fuese poco conveniente. La devaluación de nuestro principal socio comercial, el Brasil, y los precios más bajos de la historia para nuestros productos de exportación hicieron insostenible mantener la paridad 1 a 1 con el dólar.

---

5. El trabajo de Spiller y Tommasi (2001) trae numerosos ejemplos interesantes.

¿Cuál hubiese sido la respuesta óptima? La creación de un Banco Central efectivamente independiente del gobierno, con una meta de inflación baja (3% al año, como Chile, Colombia y México), para salir de la Convertibilidad de la forma más ordenada posible, sin generar desconfianza ni regresar a los regímenes de alta inflación. En lugar de eso, se tiró todo por la borda. Al poco tiempo, el Banco Central se convirtió en la caja más grande del gobierno nacional. En 2014 y 2015, financió al fisco por nada menos que 5% del PIB cada año y acumuló un financiamiento de más de 33,5% del PIB desde 2004. Hacia fines de 2015 el gobierno le debía al Banco Central la friolera de más de setenta mil millones de dólares (sin contar los bonos que tiene el Banco Central en su cartera). Se transitó de una regla ultrarrígida a un vale todo, y el resultado es que la moneda nacional no vale nada. No sorprende, entonces, que la Argentina haya sido en 2014 *uno de los dos o tres países con inflación más alta de todo el mundo.*

La tendencia al hiperpresidencialismo, o a políticas públicas irresolutas, se produce con más frecuencia en estructuras en las que el presidente tiene amplios poderes y la separación de propósito entre el Ejecutivo y el Legislativo no es del todo clara. Esta falta de división de propósito es consecuencia del sistema electoral, del régimen de coparticipación y del funcionamiento y de los controles en el manejo de los recursos públicos.

La introducción de la figura del jefe de Gabinete en la reforma constitucional de 1994 no moderó el hiperpresidencialismo. Por diseño, el jefe de Gabinete responde únicamente al presidente. Los incisos 2 a 4 del art. 100 de la Constitución son elocuentes respecto de sus facultades (las itálicas son nuestras):

2. Expedir los actos y reglamentos que sean necesarios para ejercer las facultades que le atribuye este artículo y *aquellas que le delegue el presidente de la Nación,* con el refrendo del ministro secretario del ramo al cual el acto o reglamento se refiera.

3. Efectuar los nombramientos de los empleados de la administración, *excepto los que correspondan al presidente.*

4. *Ejercer las funciones y atribuciones que le delegue el presidente de la Nación,* y en acuerdo de gabinete resolver sobre las materias que le indique el Poder Ejecutivo, o por su propia decisión, en aquellas que por su importancia estime necesario, en el ámbito de su competencia.

El jefe de Gabinete es el más importante de los ministros, un *primus inter pares,* pero solo cumple órdenes del presidente.

¿Un cambio hacia el parlamentarismo sería el adecuado para la Argentina? Consideramos que en las condiciones actuales, la respuesta esa pregunta es negativa. Para que el parlamentarismo sea efectivo, se requiere un sistema de partidos disciplinados y no fragmentados. El ejemplo de Italia, donde ha sido difícil por décadas armar coaliciones sólidas y estables de gobierno, nos previene de tomar esta ruta. Hay un camino con riesgos más acotados y de menor costo institucional: perfeccionar nuestro esquema electoral y el sistema de partidos en el marco de un régimen presidencial.[6]

No siempre predominó el hiperpresidencialismo en la Argentina. Durante los gobiernos radicales (1983-1989; 1999-2001), en el contexto de esta transición aún inconclusa hacia la democracia, el conjunto del sistema político, incluyendo corporaciones societarias como los sindicatos, condicionó la capacidad del Poder Ejecutivo de implementar una agenda de gobierno y de introducir rectificaciones a políticas públicas, como en el caso de la salida de la Convertibilidad. Presidentes debilitados sobre todo por las circunstancias económicas que sus gobiernos debieron enfrentar no pudieron utilizar todos los recursos que en potencia acumulaban sus prerrogativas y no pudieron completar sus respectivos mandatos. Algo parecido experimentó Adolfo Rodríguez Saá en su brevísima gestión en plena crisis de 2001.

En conclusión: es necesario pensar un sistema electoral que evite tanto el hiperpresidencialismo como el inmovilismo, cualquiera fuere el partido que gobierne y las circunstancias que un gobierno deba enfrentar.

---

6. Además, de este modo se evita un nuevo cambio a la Constitución.

El régimen electoral argentino

¿Cómo funciona el sistema electoral en la Argentina? ¿Qué resultados produce? En esta sección mostraremos que existe una cantidad de elementos de un sistema electoral adicionales a la tristemente famosa "lista sábana", que son muy importantes para comprender el funcionamiento de nuestra democracia.

Los distritos electorales: sobrerrepresentación de provincias chicas

Uno de los aspectos más importantes del sistema electoral de un país es la magnitud de los distritos electorales y cómo se ubican geográficamente. Los arreglos que existen en el mundo son muy variados. En los países anglosajones predominan los distritos uninominales: se dividen en tantos distritos como diputados se elijan. En el otro extremo del espectro, Israel es un solo distrito electoral a los efectos de elegir a los miembros de la Knesset, su parlamento. En el resto varía mucho el número de representantes por distrito según el país y aún dentro de cada nación. En Chile desde 1990 hasta las elecciones de 2013 se elegían dos diputados por distrito. También existen los sistemas mixtos: algunos diputados se eligen en distritos relativamente pequeños y otros en un distrito único nacional.

La unidad electoral en la Argentina es la provincia. Esto puede parecer casi obvio para el caso de los senadores, representantes de las provincias, aunque en algunos países se eligen en distritos que no coinciden con los territorios subnacionales, como provincias, estados o departamentos. Por ejemplo, los treinta senadores de Uruguay surgen del país en su conjunto. En el caso de la Cámara de Diputados, la Argentina es uno de los pocos países del mundo en el cual los distritos electorales coinciden con las provincias. Esto es resultado de nuestra historia institucional. El Congreso Constituyente de 1853 se reunió, como dice el Preámbulo: "por voluntad y elección de las provincias que la componen, en cumplimiento de pactos preexistentes". Las provincias estuvieron antes que el país. Son las "accionistas" de esta empresa aún en desarrollo a la que llamamos Argentina.

Aquella Constitución tenía una intención clara: la cantidad de diputados en el Congreso debía responder proporcionalmente al número de habitantes por provincia. El art. 33 estableció que los diputados serían elegidos a razón de "uno por cada veinte mil habitantes o fracción que no baje del número de diez mil. Después de la realización de cada censo, el Congreso fijará la representación con arreglo al mismo, pudiendo aumentar pero no disminuir la base expresada para cada diputado". Luego estableció los números de diputados iniciales para las catorce provincias originales y la Capital.

Esto no ocurre en la actualidad (Tabla 3). Hoy no todos los votos valen lo mismo. Se necesitan aproxi-

	Población (2010)	Creada en (1)	PIB (% total)	PIB per cápita (1999)	Número de diputados	Habitantes por cada diputado	Índice de calidad democrática (2)
Buenos Aires	15.625.084	Original	43,1%	8.325	70	223.215	0,31
CABA	2.890.151		15,0%	15.634	25	115.606	
Catamarca	367.828	Original	0,6%	4.887	5	73.566	-0,30
Chaco	1.055.259	Agosto 1951	2,1%	5.967	7	150.751	0,56
Chubut	509.108	Junio 1955	1,1%	6.303	5	101.822	0,30
Córdoba	3.308.876	Original	6,7%	6.132	18	183.826	0,28
Corrientes	992.595	Original	1,8%	5.569	7	141.799	0,32
Entre Ríos	1.235.994	Original	2,6%	6.447	9	137.333	0,59
Formosa	530.162	Junio 1955	0,8%	4.520	5	106.032	-0,83
Jujuy	673.307	Original	0,9%	3.812	6	112.218	-0,07
La Pampa	318.951	Agosto 1951	0,8%	7.633	5	63.790	-0,18
La Rioja	333.642	Original	0,6%	5.836	5	66.728	-1,90
Mendoza	1.738.929	Original	3,8%	6.511	10	173.893	0,96
Misiones	1.101.593	Diciembre 1953	1,7%	4.721	7	157.370	0,01
Neuquén	551.266	Junio 1955	1,2%	6.464	5	110.253	-0,09

	Población (2010)	Creada en (1)	PIB (% total)	PIB per cápita (1999)	Número de diputados	Habitantes por cada diputado	Índice de calidad democrática (2)
Salta	1.214.441	Original	1,5%	3.836	7	173.492	0,15
San Juan	681.055	Original	1,4%	6.341	6	113.509	1,24
San Luis	432.310	Original	0,9%	6.367	5	86.462	-1,28
Santa Cruz	273.964	Noviembre 1956	0,6%	6.278	5	54.793	-0,86
Santa Fe	3.194.537	Original	7,5%	7.061	19	168.134	0,00
Santiago del Estero	874.006	Original	1,2%	4.269	7	124.858	-0,69
Tierra del Fuego	127.205	Abril 1990	0,3%	7.682	5	25.441	
Tucumán	1.448.188	Original	2,4%	4.925	9	160.910	1,03
TOTAL	40.117.096				257	156.098	

Tabla 3. Alta dispersión entre las provincias argentinas. *Fuente:* Mecon, Gervasoni (2011).

(1) Original significa que ya existía en 1853; (2) Gervasoni, 2010. El índice considera indicadores de nivel de competencia electoral e indicadores de concentración de poder.

madamente 25.000 habitantes para elegir un diputado en Tierra del Fuego, contra más de 223.000 en la provincia de Buenos Aires. ¿Qué ocurrió en el ínterin? La provincialización de territorios nacionales escasamente poblados durante las presidencias de Perón y sucesivos regímenes militares (Tabla 3) y el establecimiento del número mínimo de diputados por provincia. La Constitución de 1949 lo determinó en dos y la de 1972 lo incrementó a tres. En 1983, a poco de dejar el poder, el régimen militar lo aumentó a cinco, número que todavía persiste.

Así, la Argentina tiene una de las mayores distorsiones de representación geográfica de todo el mundo. Según David Samuels y Richard Snyder, la Cámara Baja estaba duodécima entre 78 países y el Senado, primero entre los 25 casos considerados. La distorsión de representación del Senado argentino surge de la gran disparidad en la distribución de la población entre las provincias, como puede verse en la Tabla 3.

Estas distorsiones de representación tienen consecuencias negativas sobre la calidad de las políticas; según Samuels y Snyder:

1) *Favorecen la creación de coaliciones basadas en el apoyo "barato" que pueden otorgar legisladores de provincias sobrerrepresentadas.* Cambia el costo relativo de "comprar" el apoyo de legisladores de distintas provincias. Esto no refiere necesariamente a hechos de corrupción, sino a las

transacciones típicas que se hacen para aprobar leyes en cualquier país.[7]

Un estudio realizado por Carlos Gervasoni mostró que las transferencias fiscales per cápita del gobierno nacional son mayores cuanto más chica es la provincia y cuanto peor es la calidad de la democracia provincial. Veremos en el capítulo 4 que las provincias chicas dependen del gobierno nacional para la mayor parte de sus ingresos fiscales. Cuando el gobierno nacional necesita aprobar leyes, se asegura el apoyo en el Congreso con transacciones que les dan recursos a estas provincias.

Estos arreglos funcionan en épocas de vacas gordas, cuando hay recursos para distribuir. En las de vacas flacas, es distinto. "Funcionan" significa que permiten al Poder Ejecutivo avanzar con su agenda en el Congreso. Sin embargo, la calidad de las políticas aprobadas se resiente cuando el eje de discusión gira solo en torno a los recursos que van a transferirse a la provincia y no a la característica de la política que se está aprobando. La impresionante cantidad e importancia de las leyes aprobadas por el Congreso a finales de 2014, todas con poco debate, incluyendo el Código Civil, el

---

7. Winston Churchill decía: "Aquellos que aman las salchichas y respetan las leyes nunca deben mirar cómo se hace ninguna de las dos".

Código Penal Procesal o el pliego del presidente del Banco Central, certifica lo antedicho. Algo similar ocurrió a finales de 2015, aunque se trataba de un gobierno cuyo presidente "pato rengo" no solo fracasó en lograr permanecer en el poder, sino que estaba apenas a pocas semanas de finalizar su gestión.

2) *Favorecen el mantenimiento de enclaves provinciales poco democráticos.* Las provincias con peor calidad democrática de la Argentina se ven de este modo beneficiadas, pues élites patrimonialistas y a menudo depredadoras pueden desarrollar mecanismos para perpetuarse en el poder. Como mencionó Guillermo O'Donnell, el sesgo de distorsión de representación puede contribuir a la perpetuación de estos enclaves con un déficit democrático y del estado de derecho, dado que hay pocos incentivos para atacar los privilegios de grupos a los cuales, por el contrario, se está pidiendo favores para aprobar leyes en el Congreso.

El epítome de esta situación es Carlos Juárez, gobernador de Santiago del Estero. Parafraseando al rey Luis XIV, dijo: "Santiago del Estero es Carlos Arturo Juárez". Algo similar ocurre con su sucesor, Gerardo Zamora, curiosamente (o no) de origen radical. Sin embargo, ha gobernado con las mismas o peores prácticas que su antecesor peronista: no se trata de cuestiones ideológicas ni de identidades partidarias, sino de un conjunto de reglas formales e informales que permiten que estos liderazgos se consoliden y perduren.

La baja calidad democrática de muchas provincias se pone de manifiesto en las enormes ventajas con las que los oficialismos corren en las elecciones provinciales, que se amplió en años recientes gracias a la eliminación de las restricciones para la reelección de gobernadores en muchas de ellas. La Tabla 4 muestra la baja alternancia entre partidos y cómo los nombres de los mandatarios se repiten cada vez con más frecuencia. En 7 de los 24 distritos electorales (23 provincias y CABA) nunca hubo alternancia de partidos en el poder provincial desde 1983: Formosa, Jujuy (en 2015 por primera vez en treinta y dos años ganó la oposición), La Pampa, La Rioja, Neuquén, San Luis y Santa Cruz. En otros tres, solo ocurrió luego de intervenciones federales: Catamarca, Corrientes y Santiago del Estero.

Al momento de las elecciones, *en las provincias argentinas existe una "cancha inclinada" a favor del oficialismo*. Un estudio realizado por Luis Schiumerini y María Page, del Centro de Implementación de Políticas Públicas para la Equidad y el Crecimiento, CIPPEC, que analiza las elecciones provinciales desde 1983 hasta 2011 concluyó que:

a) *Los oficialismos tienen mayor probabilidad de ganar las elecciones que la oposición.* Este sesgo está presente en casi todos los países, pero en las provincias argentinas es extremo: tienen entre una probabilidad de victoria de entre 28% y 52% mayor que la oposición.

b) *Esta ventaja aumentó con el tiempo.* En 1987, los oficialismos obtenían en promedio un excedente de votos del 10%, cifra que creció a 30% en las últimas elecciones analizadas.

c) *Las elecciones de gobernador son cada vez menos competitivas.* Los márgenes de victoria de los oficialismos son cada vez más grandes. No es raro escuchar gobernadores que ganan reelecciones con el 60% o más de los votos.

d) *La ventaja hacia el oficialismo tiene un fuerte componente personal.* La probabilidad que el partido oficialista gane cuando el gobernador busca la reelección sube el 20% con respecto a cuando no lo hace.

e) *Donde hay límites a la reelección, la ventaja oficialista es más tenue.*

f) *El PJ es el partido que más réditos capta al estar en el gobierno.* Tiene 33% más de probabilidad de ser elegido que la oposición. Los datos históricos muestran que la UCR, en cambio, no se beneficia electoralmente cuando está en el gobierno.

Como resultado de estas tendencias, el PJ aumentó su influencia electoral en las provincias a lo largo del tiempo (Tabla 4). Esta "cancha inclinada" se refleja también en la arena política nacional: el PJ (en su conformación reciente denominada Frente para la Victoria o FPV) incrementó su peso en las cámaras de Diputados y Senadores en los últimos años.

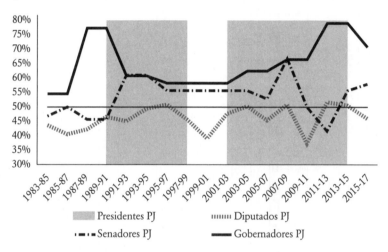

Gráfico 3. Un mayor control del PJ en el Congreso y en el país, sin Peronismo Federal y otros grupos escindidos del PJ.
Fuente: Mustapic (2013) y Dirección Nacional Electoral.

La transformación de votos en bancas: el sistema proporcional

Otro aspecto muy importante en un sistema electoral es la fórmula que se aplica para transformar los votos obtenidos por cada partido en bancas en el Congreso. Existe una gran variedad de fórmulas, aunque la distinción primaria se da entre sistemas mayoritarios y sistemas proporcionales.

Provincia	1983-1987	1987-1991	1991-1995	1995-1999	1999-2003	2004-2007	2007-2011	2011-2015	2015-2019
CABA					F. de la Rúa	A. Ibarra	A. Ibarra/J. T.	M. Macri	M. Macri	H. R. Larreta
Buenos Aires	A. Armendáriz	A. Cafiero	E. Duhalde	E. Duhalde	C. Ruckauf/FS	F. Solá	D. Scioli	D. Scioli	M. E. Vidal
Catamarca	R. Saadi	V. Saadi	A. Castillo	A. Castillo	O. Castillo	E. Brizuela	E. Brizuela	L. Corpacci	L. Corpacci
Chaco	F. Tenev	D. Baroni	R. Tanguinas	A. Rozas	A. Rozas	R. Nikisch	J. Capitanich	J. Capitanich	D. Peppo
Chubut	A. Viglione	N. Perl	C. Maestro	C. Maestro	J. Lizurume	M. Das Neves	M. Das Neves	M. Buzzi	M. Das Neves
Córdoba	E. Angeloz	E. Angeloz	E. Angeloz	R. Mestre	J. De La Sota	J. De La Sota	J. Schiaretti	J. De La Sota	J. Schiaretti
Corrientes	R. R. Feris	R. Leconte	R. R. Feris	R. R. Feris	P. Poccard/R. M.	R. Colombi/A.C.	R. Colombi	R. Colombi	R. Colombi
Entre Ríos	S. Montiel	J. Busti	M. Moine	J. Busti	S. Montiel	J. Busti	S. Uribarri	S. Uribarri	G. Bordet
Formosa	F. Bogado	V. Joga	V. Joga	G. Insfrán	G. Insfrán	G. Insfrán	G. Insfrán	G. Insfrán	G. Insfrán
Jujuy	C. Snopek	R. De Aparic	R. Domínguez	G. Snopek	E. Felher	E. Felher	W. Barrionuevo	E. Felher	G. Morales
La Pampa	R. Marín	N. Ahuad	R. Marín	R. Marín	R. Marín	C. Verna	O. Jorge	O. Jorge	C. Verna
La Rioja	C. Menem	C. Menem	B. Arnaudo	A. Maza	A. Maza	A. Maza	L. Herrera	L. Herrera	S. Casas
Mendoza	S. Llaver	J. Bordón	R. Gabrielli	A. Lafalla	R. Iglesias	J. Cobos	C. Jaque	F. Perez	A. Cornejo
Misiones	R. Barrios	J. Humada	R. Puerta	R. Puerta	C. Rovira	C. Rovira	M. Closs	M. Closs	H. Passalacqua
Neuquén	F. Sapag	P. Salvatori	J. Sobisch	F. Sapag	J. Sobisch	J. Sobisch	J. Sapag	J. Sapag	O. Gutierrez
Río Negro	O. Álvarez	H. Massaccessi	H. Massaccessi	P. Verani	P. Verani	M. Saiz	M. Saiz	C. Soria/A.W.	A. Weretilneck

Provincia	1983-1987	1987-1991	1991-1995	1995-1999	1999-2003	2004-2007	2007-2011	2011-2015	2015-2019
Salta	R. Romero	H. Cornejo	R. Ulloa	J. C. Romero	J. C. Romero	J. C. Romero	J. M. Urtubey	J. M. Urtubey	J. M. Urtubey
San Juan	L. Bravo	C. G. Centurión	J. Escobar	J. Escobar	A. Avelín	J. L. Gioja	J. L. Gioja	J. L. Gioja	S. Uñac
San Luis	Ad. R. Saá	Ad. R. Saá	Ad. R. Saá	Ad. R. Saá	Ad. R. Saá	Al. R. Saá	Al. R. Saá	C. Poggi	Al. R. Saá
Santa Cruz	A. Puricelli	R. Del Val	N. Kirchner	N. Kirchner	N. Kirchner	S. Acevedo	D. Peralta	D. Peralta	A. Kirchner
Santa Fe	J. M. Vernet	V. Reviglio	C. Reutemann	J. Obeid	C. Reutemann	J. Obeid	H. Binner	A. Bonfatti	M. Lifschitz
Santiago del Estero	C. Juárez	C. Iturbe	C. Mujica	C. Juárez	C. Juárez	G. Zamora	G. Zamora	C. L. de Zamora	C. Ledesma
Tierra del Fuego			J. Estabillo	J. Estabillo	C. Manfredotti	M. Colazo/ H. Coccaro	F. Ríos	F. Ríos	R. Bertone
Tucumán	F. Riera	J. Domato	R. Ortega	A. Bussi	J. Miranda	J. Alperovich	J. Alperovich	J. Alperovich	J. Manzur
N° distritos	22	22	23	24		24	24	24	24
PJ (%)	55	77	61	58		63	67	79	67
UCR/ Alianza (%)	32	9	7	25		25	17	4	13
Otros (%)	14	14	22	17		13	17	17	21

Tabla 4. Gobernadores desde 1983 (PJ en bastardillas). *Fuente:* Ardanaz, Leiras y Tommasi (2012) y elaboración propia.

En los primeros, el ganador se lleva todo. En algunos casos se requiere una mayoría absoluta de votos (más del 50%), aunque en otros alcanza una simple pluralidad (quien saca más votos, gana). Se aplican típicamente en los países anglosajones, en los que, además, predominan los sistemas de circunscripción uninominal: el partido o alianza que saca más votos en un distrito determinado consigue su representación en el Congreso.

En los segundos, las bancas se reparten proporcionalmente entre los partidos o alianzas en función de los votos que obtienen. Hay, sin embargo, diversas formas de computarlo. En la Argentina, por ejemplo, la Ley Sáenz Peña de 1912 instauró un sistema de lista incompleta: la ganadora se llevaba dos tercios de las bancas en juego y la segunda, el tercio restante.

La principal diferencia entre los sistemas proporcionales más usuales surge de la operación matemática que se utiliza para computar cuántos escaños se lleva cada partido o candidato: resta (por ejemplo, el sistema Hare) o división (por ejemplo, el sistema d'Hondt, utilizado en la Argentina). Para saber cómo funciona cada uno, en la Tabla 5 hay un ejemplo hipotético simple con mil votantes y cinco bancas en juego, que compara el sistema Hare (resta) con el d'Hondt (división), el más común, que se aplica en la Argentina. Se dividen los votos de cada partido por sucesivos divisores (1, 2, 3…) y se asignan las bancas en orden descendiente de los resultados de la división hasta que se agotan. En este caso, los resultados fueron 360, 310, 180, 155 y 150. Si

Votos obtenidos	Hare					d'Hondt				
	Cuota (1000/5=200)	Asientos iniciales	Cuánto sobra	Asientos adicionales	Total	Dividido por 1	Asientos	Dividido por 2	Asientos	Total
Partido 1 360	200	1	160	1	2	360	1°	180	3°	2
Partido 2 310	200	1	110	1	1	310	2°	155	4°	2
Partido 3 150			150	1	1	150	5°	75		1
Partido 4 120			120	1	1	120		60		0
Partido 5 60			60		0	60		30		0

Tabla 5. Ejemplos de sistemas proporcionales. *Fuente:* Farrell (2011).

hubiese una sexta banca en juego, se la hubiera llevado el partido número 4. Es un poco "menos proporcional" que el sistema Hare, ya que premia más a los partidos grandes que a los pequeños. El partido 4, en el ejemplo, se quedó sin ninguna banca.

¿Qué ventajas relativas tiene cada sistema?

El proporcional permite una representación en el Congreso acorde a las distintas visiones o corrientes de opinión que existen en una sociedad. Por eso suelen recomendarlo para sociedades conflictivas, con una cultura política fragmentada, en las que se quiere incorporar a la arena política a todos estos grupos dispares. Es el caso de, por ejemplo, Israel, donde además de partidos de izquierda y derecha existen partidos con filiaciones a grupos religiosos.

El mayor problema este sistema es que puede inducir a una mayor fragmentación de los partidos con representación en el Congreso. Esta es la dificultad que enfrentan países como el Brasil o el Perú en nuestra región.

Los sistemas mayoritarios tienen un "poder reductivo" sobre el número de partidos. En general, producen sistemas con dos partidos, a lo sumo tres. Los ejemplos típicos son los Estados Unidos, con solo dos partidos con representación parlamentaria, o el Reino Unido, con dos o tres espacios fuertes (aunque hayan surgido recientemente algunas fuerzas nuevas de características regionales, como el Partido Nacional Escocés, o bien opuestas a la integración europeo, como el UKIP). Menos partidos facilitan la formación de mayorías parlamentarias.

Si el candidato que saca más votos "se lleva todo", los votantes tienen poco incentivo a "desperdiciar" su voto en partidos pequeños, con poca chance de ganar. Desde el punto de vista de los incentivos a los políticos ocurre lo mismo: en un sistema mayoritario, es mejor afiliarse a uno de los pocos partidos con chances reales y competir en su interna o primaria que crear un espacio nuevo o afiliarse a uno menor para competir por fuera.

La fragmentación de los partidos juega en contra de la calidad de las políticas públicas y hasta de la estabilidad democrática. Cuantos más partidos haya en el Congreso, más difícil será conseguir mayorías para aprobar cualquier legislación. Las transacciones políticas se hacen más engorrosas y "caras" y pueden –suelen– llevar a un inmovilismo que atenta contra la estabilidad.

Un ejemplo típico es el del Brasil. Desde la vuelta de la democracia existió un gran número de partidos (poco disciplinados, además) con representación parlamentaria significativa. Muchos atribuyen la inestabilidad en la época de Collor de Mello a esta causa: no contaba con una mínima posibilidad de armar una mayoría parlamentaria e intentó circunvenir al Congreso. Los resultados son conocidos. Hoy hay diez partidos con representación parlamentaria, además de 117 diputados (de un total de 513 bancas) que responden a otros espacios. Los dos partidos que forman la coalición de gobierno, el PT y el PMDB, tienen en conjunto 133 bancas, 26,5% del total. Esta fragmentación le impide a Dilma Rousseff conseguir el apoyo necesario para avanzar en su agenda de gobierno en su segundo mandato, sobre todo implementar un programa de ajuste fiscal.

La fragmentación no se produce solo en función de si se emplea el sistema proporcional o mayoritario. Hay por lo menos otros seis factores adicionales que influyen:

1) *Entre las fórmulas proporcionales, hay algunas "más proporcionales" que otras.* El método d'Hondt tiene un efecto más reductivo sobre el número de partidos que otros, como muestra el ejemplo de la Tabla 5.

2) *La interacción entre la fórmula y el tamaño del distrito juega un rol importante en la determinación del número de partidos.* Cuanto más grande es el distrito, más fragmentado resultará el sistema de partidos dada la misma fórmula. Por ejemplo, tanto el Brasil como Chile usan la de d'Hondt. En Chile, sin embargo, se eligen dos diputados por distrito (sistema binominal), mientras que en el Brasil los distritos varían en tamaño, de 8 hasta 70, con un promedio de 19.

   En el caso de Chile, la fórmula hace que un partido o alianza tenga que duplicar el número de votos de la otra alianza para llevarse ambas bancas en disputa. Este sistema impuso desde 1990 un fuerte incentivo para formar dos coaliciones entre los múltiples partidos existentes, ya que los que no entran se quedan sin representación parlamentaria, como ocurrió con el Partido

Comunista hasta la elección de 2009, cuando se incorporó a la coalición de izquierda (Nueva Mayoría, antes llamada Concertación). Antes obtenía más o menos el 5% de los votos nacionales, pero ninguna banca. Luego, obtuvo menos votos pero logró representación parlamentaria.

Otro resultado singular de este mecanismo es que en casi todas las circunscripciones hay una suerte de "empate", ya que es muy difícil que una coalición obtenga el doble de votos que su contrincante, por lo que cada una se lleva una de las dos bancas en juego. Este virtual empate hizo que, desde la vuelta de la democracia en 1990, ninguna coalición obtuviese mayorías abrumadoras en el Congreso, con lo que el partido en el gobierno ha tenido que consensuar con la oposición muchas de sus iniciativas.[8] La búsqueda de consensos ha dado más estabilidad a las políticas públicas chilenas a lo largo del tiempo, en comparación con otros países de la región. Estas dos coaliciones han resultado además muy sólidas y estables a lo largo del tiempo, porque a los partidos o a los políticos que las componen no les ha convenido "sacar los pies del plato".

---

8. Además, la Constitución de 1980 estableció la necesidad de contar con mayorías especiales como cuatro séptimos o tres quintos para modificar ciertas leyes o la misma Constitución. El Congreso de Chile, lamentablemente, votó recientemente para abandonar el sistema binominal y pasar a un sistema de circunscripciones con un promedio de 5,5 bancas, que será utilizado por primera vez en las elecciones de 2017.

En el caso del Brasil, por el contrario, el mayor tamaño de los distritos lleva a una mayor fragmentación parlamentaria.

3) *Una forma de limitar la fragmentación de los partidos políticos es imponer límites mínimos al número de votos o afiliaciones partidarias para participar de las elecciones o mantener el estatus de partido político.* En distintos países usualmente oscilan entre el 3% y el 5%, aunque hay casos, como Turquía, con el 10%. En ocasiones se imponen a nivel nacional y en otras, regional.

En la Argentina, esos umbrales cambiaron muchas veces, aunque en general se mantuvieron relativamente bajos. En general la ley fue bastante permisiva con la conformación y el mantenimiento de partidos o alianzas en comparación con otros países.

La Ley de Partidos Políticos establece que un espacio pierde su personería si no alcanza en dos elecciones sucesivas el 2% del padrón electoral en ningún distrito. Esa barrera fue del 3% en 1973 y 1983 y se eliminó entre 2002 y 2006. Se impone por distrito y no a nivel nacional, lo que favorece la fragmentación territorial de los partidos.

A esta regulación se le superpone otra, derivada de la reforma electoral de 2009, que implementó las Primarias Abiertas, Simultáneas y Obligatorias (PASO, Ley 26.571). Estableció en su art. 45 que solo pueden participar en las elecciones generales los partidos que obtengan más del 1,5% de los votos válidos en el distrito durante las PASO.

4) *La existencia de partidos de distrito aumenta la fragmentación del sistema de partidos.* La legislación argentina reconoce dos tipos de partidos: los de distrito, que se desenvuelven en una sola provincia, y los nacionales, con presencia en al menos cinco provincias.

Esta regulación es bastante peculiar de la Argentina. En otros países federales, como el Brasil o México, solamente se admiten partidos nacionales. En Alemania, se exige más del 5% de los votos a nivel nacional para participar en el reparto proporcional de bancas (tiene un sistema electoral mixto). En Chile, las alianzas tienen que ser nacionales. Puede argumentarse que esta diferencia entre la legislación argentina y la de otras naciones tenga una raíz histórica, ya que los partidos provinciales fueron los primeros en surgir en nuestro país.

5) *La existencia de una segunda vuelta en la elección presidencial tiende a exacerbar la fragmentación de los partidos.*[9] La gran mayoría de los países

---

9. Gabriel Negretto calculó que, en las elecciones presidenciales en América latina desde 1990 hasta 2006, hubo en promedio 2,5 candidatos presidenciales por elección cuando no había segunda vuelta, 2,7 cuando había que conseguir una pluralidad de votos calificada para ganar en primera vuelta y 3,2 cuando había sistemas de mayoría absoluta (más del 50% para ganar en primera vuelta).

de América latina la adoptó recientemente. En general, la regla indica que si ningún candidato presidencial obtiene más del 50% de los votos, los dos con mayor cantidad compiten en una segunda elección. La Argentina no fue la excepción y en la reforma de 1994 incorporó el balotaje, también de manera peculiar: para ganar en primera vuelta, se requiere más del 45% de los votos, o más del 40% y una diferencia de más del 10% respecto del primer contendiente.

Los sistemas de segunda vuelta fomentan la proliferación de candidatos presidenciales. Si lo único que se requiere es estar entre los dos primeros en la primera ronda, se reduce el incentivo a formar coaliciones fuertes para esa instancia. En la Argentina, como no se requiere el 50% de los votos para ganar en primera vuelta, este incentivo a la fragmentación está un poco atenuado.

La existencia del balotaje también facilita la fragmentación en la elección de legisladores, que coincide con la primera vuelta presidencial, momento en que los electores tienden a votar "con el corazón" a su candidato presidencial y a su partido preferidos. Recién en la segunda vuelta se ve el voto estratégico por el candidato "menos malo". El presidente electo llegará entonces al poder con más del 50% de los votos tras el balotaje, pero puede contar con poco apoyo parlamentario, resultado de la primera ronda.

6) *La existencia de listas colectoras, espejo, y los lemas aumentan la fragmentación de los partidos.* La ley 26.571, que introdujo el requisito a los partidos políticos de participar en las primarias abiertas, simultáneas y obligatorias (PASO), eliminó las llamadas "listas espejo" y las candidaturas múltiples, pero no las "listas colectoras". Las listas espejo son idénticas entre sí, pero presentadas por distintos partidos o coaliciones electorales. Las listas colectoras son las que presentan candidatos diferentes que otra lista para cierta categoría (por ejemplo, gobernador), pero los mismos para alguna otra categoría (por ejemplo, presidente). Varias provincias implementaron en las últimas dos décadas leyes de lemas, que permiten a distintos candidatos del mismo partido competir en las elecciones generales por el mismo puesto, pero los votos de todos los candidatos (lemas) del mismo partido se suman a fin de determinar qué partido gana la elección (para cargos ejecutivos) o cómo se reparten las bancas (para legislativas). Cualquiera de estos mecanismos (lemas, listas espejo, listas colectoras) contribuye a la fragmentación, ya que hacen más sencillo competir por fuera de un determinado partido o bien plantear múltiples candidaturas dentro de una determinada lista sin que exista

esfuerzo alguno por alcanzar acuerdos intra-partidarios.

Quién controla las candidaturas

El control de candidaturas es clave en tanto en el sistema electoral como en la política en general. Los distintos tipos de arreglos producen consecuencias sobre aspectos como cuánto responden los diputados a los votantes o a los dirigentes del partido, qué incentivo tienen para establecer carreras legislativas prolongadas y cuán disciplinados son los bloques en el Congreso. Todos estos aspectos tienen un alto impacto en relación a la calidad de las políticas públicas implementadas en un país.

En sistemas de circunscripciones uninominales, como el de los Estados Unidos y el Reino Unido, donde se elige un representante por distrito, los candidatos tienen mayores incentivos para responder a los votantes: es mucho más fácil que los ciudadanos sepan cómo su representante vota en el Congreso y qué hace por ellos. Esto da lugar en general a políticas públicas mucho más particularistas o focalizadas en grupos de interés de naturaleza local. Una de las quejas más frecuentes sobre este modelo en los Estados Unidos es que lleva al *pork-barrelling*, la adopción de políticas dirigidas a las zonas de determinados legisladores, con el propósito de obtener su apoyo para aprobar otras leyes del interés del presidente (véase nota al pie número 3 de este capítulo).

Sin embargo, dentro de los sistemas uninominales también puede haber distintos grados de involucramiento de la población en la selección de los candidatos. Pueden provenir de elecciones primarias o bien ser seleccionados por la dirigencia del partido. En el segundo caso, seguramente tendrán más incentivos para ser disciplinados (votar en bloque en el Congreso), ya que pensarán que si votan en contra del bloque pueden no ser reelectos por la dirigencia para ser representantes en las siguientes elecciones.

El problema de quién selecciona las candidaturas es más acuciante en los sistemas en que se eligen varios candidatos por distrito. Basta imaginar el poder que tiene quien decide si una persona va número 1 o número 35 en las listas de candidatos a diputados por la provincia de Buenos Aires (la Tabla 3 muestra cuántos diputados elige cada provincia). En el primer caso, el candidato casi seguro resultará electo si pertenece a alguno de los partidos importantes. En el segundo, la certeza es que quedará afuera.

Este poder surge del hecho de que las listas en la Argentina son *cerradas*. Los votantes eligen toda la lista de un partido, sin la posibilidad de seleccionar algunos candidatos de una y otros de otra. Esto se contrapone con los sistemas de listas *abiertas*, como el que existe en el Brasil, el votante "arma" su propia lista.

Los sistemas de lista abierta poseen la ventaja de que los representantes tienen más incentivos para responder a las necesidades de los votantes de su distrito. Es que los diputados deben más su elección a los votantes que a los dirigentes, mientras que con las listas cerradas esa distinción no queda tan clara y a menudo el resultado es el inverso. La desventaja de la lista abierta es que, por la misma razón, los bloques partidarios son menos disciplinados. *Eso produce problemas similares a los que genera la fragmentación de los partidos políticos: dificultan la creación de coaliciones estables que permitan al presidente llevar adelante su agenda de gobierno en función del consenso o de acuerdos puntuales alcanzados con su propio bloque y otros afines.*

En la Argentina, los legisladores deben generalmente sus carreras políticas a los gobernadores. Estos son los grandes "selectores", debido a la lista cerrada y a que los distritos electorales son, como mencionamos, las provincias. Además, manejan una cantidad desproporcionada de recursos comparados con otros posibles "selectores".[10]

La dependencia de los legisladores hacia los gobernadores hace que los diputados no tengan o no persigan tener carreras legislativas propias, como ocurre en muchos otros países. En palabras de Jones, Saiegh, Spiller y Tommasi, los legisladores argentinos son *amateurs.* El gobernador los puede colocar como candidatos a diputados nacionales, pueden eventualmente competir por cargos en las legislaturas provinciales, ocupar cargos en los poderes

---

10. El aumento de la cantidad de recursos discrecionales a disposición del gobierno nacional en los últimos años, como veremos más adelante, permitió a Cristina Kirchner modificar parcialmente esta lógica. En las elecciones de 2015, fue ella la gran "selectora" de candidatos a diputados en muchas provincias, por encima de los gobernadores.

ejecutivos, la justicia, etcétera. Es así que los legisladores argentinos tienen una de las tasas de reelección más bajas del mundo. Como están poco tiempo en el Congreso, no desarrollan *expertise* en ningún tema en particular. Tienen, además, uno de los niveles educativos más bajos de la región.

Debido a esta característica, es difícil pensar que el Congreso se puede convertir en un resguardo de calidad de las políticas públicas nacionales si los legisladores no responden a sus votantes, sino al gobernador, y no tienen carreras largas, con lo que no cuentan con incentivos para entender en detalle los problemas y debates nacionales.

La introducción de las PASO en 2011 tuvo como uno de sus objetivos incrementar la participación de la población en la selección de los candidatos. No se logró. En casi ningún distrito existió competencia interna en los partidos para elegir las listas de diputados en las elecciones de 2011, 2013 y 2015. La "lapicera" para marcar candidatos la siguen teniendo los dirigentes, no la población.

El mecanismo del voto: de la lista sábana a la boleta única

El sistema de votación de la Argentina, con listas sábana provistas por cada partido, es uno de los más vetustos del mundo.

En el país, cada partido imprime y provee sus boletas para el día de la elección. Son largos papeles donde van enumerados unos a otros los candidatos a distintos puestos públicos, como puede verse en la Figura 5. Así, en una elección presidencial, pueden incluir múltiples categorías y llegar casi al metro de ancho:

1) Presidente (y vicepresidente).
2) Senadores nacionales.
3) Diputados nacionales.
4) Gobernador (y vicegobernador).
5) Senadores provinciales.
6) Diputados provinciales.
7) Intendente.
8) Concejales.
9) Consejeros escolares.

En la elección de 2015 se agregaron los representantes para el Parlasur, un órgano que todavía no existe.

Figura 5. Ejemplar de boleta sábana no única.
Fuente: equiposweb.com.ar

La lista sábana limita las opciones de los votantes. Pueden cortar las distintas partes de las boletas y combinar, por ejemplo, al candidato a presidente de un partido y a la candidata a senador del otro. Pero se trata de un comportamiento poco habitual, debido a lo incómodo del sistema. Originalmente, las partes de la boleta estaban troqueladas para facilitar su corte. Hoy ya no es así.

El sistema de boletas provistas por los partidos permite prácticas reñidas con la limpia competencia democrática. En primer lugar, el robo de boletas. Si un partido no posee fiscales en las mesas, sus boletas suelen ser robadas por los fiscales de sus competidores o por simples ciudadanos que ingresan al cuarto oscuro a votar. Al momento de expresar su voto, muchos ciudadanos no pueden elegir la opción que desean. En segundo lugar, la falsificación de boletas. Existe amplia evidencia anecdótica en el sentido de que en muchas elecciones los fiscales de un partido introducen en los cuartos oscuros boletas de otros partidos similares a las registradas en la justicia electoral, pero no iguales. Luego, los votos correspondientes a las falsificaciones son impugnados en el momento del conteo.

En tercer lugar, el voto cadena. Cuando se presenta a votar, el primer integrante de la "cadena" recibe el sobre firmado por las autoridades de mesa y los fiscales. Sin embargo, en lugar de usarlo para depositar su voto, emplea uno similar y se guarda el sobre original (su voto seguramente será impugnado más tarde, por no haber utilizado el sobre adecuado, pero no importa), que se lo entrega al puntero del partido. Este deposita la lista del partido en ese sobre y se la entrega al siguiente integrante de la cadena, que a su vez recibirá un nuevo sobre firmado, pero en lugar de usarlo depositará el que le dio el puntero y le llevará a este el que le dieron las autoridades de mesa, para continuar con el ciclo. Así, el puntero pierde un voto, el del primero de la cadena, pero se asegura de que todos los otros integrantes voten "correctamente".

Estas y otras prácticas hacen que en la Argentina mucha gente piense que su voto puede ser monitoreado, situación que, como veremos más adelante, es importante para mantener una maquinaria clientelar en marcha.

El diseño de las boletas permite cierta manipulación de los votantes. En la Argentina, cada partido diseña su propia boleta, incluidos colores y símbolos, que tienen que ser aprobadas luego por la justicia electoral. Es común que incorporen fotos o imágenes de los mismos líderes cuyos cuadros cuelgan de las oficinas donde los gobiernos reparten ayuda social. Una investigación realizada por Reynolds y Steenbergen demuestra que los colores y los símbolos partidarios afectan la decisión de voto.

Para evitar este tipo de manipulación, muchos países introdujeron el sistema de boleta única, llamado también *Australian ballot*, porque fue utilizado por primera vez en el sur de ese país, en 1856. Luego fue adoptado por Gran Bretaña en 1872 y comenzó a utilizarse en los Estados Unidos en 1888. La Figura 6 muestra un ejemplo de boleta única, que ya hizo su presentación en algunos distritos en la Argentina. En este sistema, el gobierno provee una única boleta, en la cual los votantes expresan su voto a los candidatos de distintos partidos.

Muchos países también implementaron el sistema de voto electrónico, que permite evitar problemas como el voto cadena y otros. En la región, el Brasil y

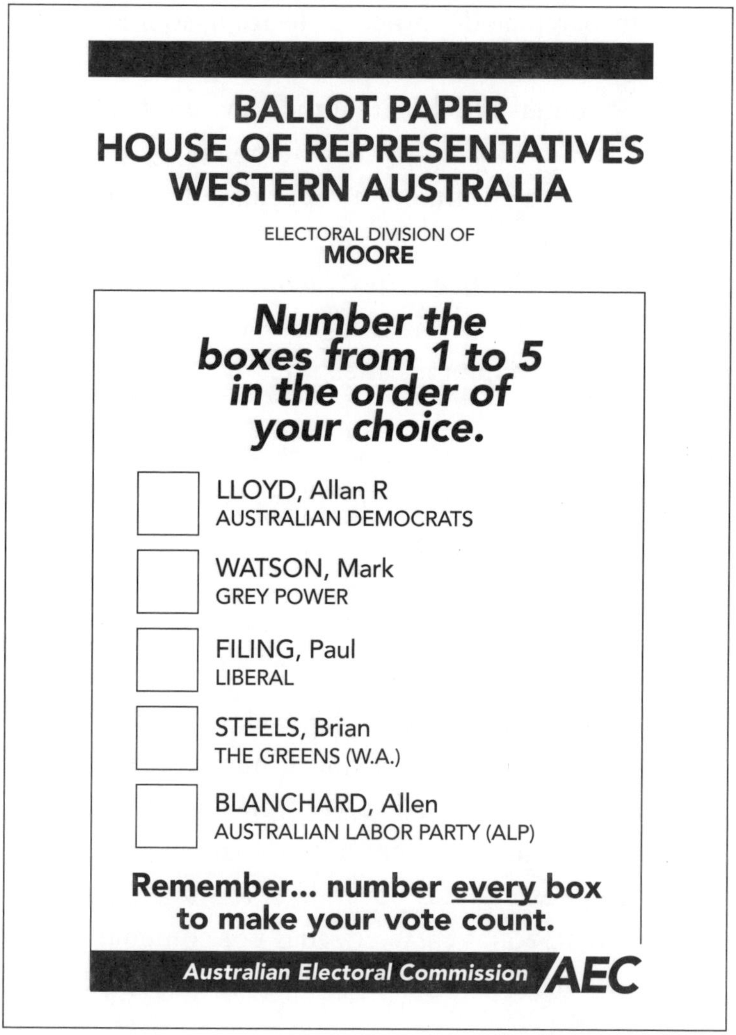

BALLOT PAPER
HOUSE OF REPRESENTATIVES
WESTERN AUSTRALIA

ELECTORAL DIVISION OF
MOORE

Number the boxes from 1 to 5 in the order of your choice.

☐ LLOYD, Allan R
AUSTRALIAN DEMOCRATS

☐ WATSON, Mark
GREY POWER

☐ FILING, Paul
LIBERAL

☐ STEELS, Brian
THE GREENS (W.A.)

☐ BLANCHARD, Allen
AUSTRALIAN LABOR PARTY (ALP)

Remember... number every box to make your vote count.

Australian Electoral Commission AEC

Figura 6. Ejemplo de boleta única de Australia. Fuente: Farrell (2011).

Venezuela ya lo usan. La máquina además expende un recibo que queda como constancia del voto, con el fin de evitar que se manipulen los resultados de las máquinas. Sin embargo, muchas veces surgen dudas respecto de la transparencia del proceso electoral, sobre todo en los aspectos técnicos de la fase de recuento.

Los sistemas de boleta única evitan problemas como el robo o la falsificación de boletas, y disminuyen (aunque no eliminan) la capacidad de monitorear el voto. Las provincias de Salta, Santa Fe y la Ciudad Autónoma de Buenos Aires ya implementaron sistemas de boleta única en distintas versiones. Volveremos sobre este tema más adelante.

El control de las elecciones: la aparición de los Institutos Electorales

La elección de Tucumán de agosto de 2015 puso en el debate nacional la organización y la transparencia del proceso electoral. Actas fraguadas y urnas vacías, quemadas o con más votos que el número de votantes registrados fueron parte de un espectáculo escandaloso. Estas prácticas no se circunscriben solamente a esa provincia: están extendidas por todo el territorio nacional, sobre todo en zonas caracterizadas por contener poblaciones vulnerables que viven en situaciones de pobreza extrema.

La organización de las elecciones para cargos nacionales en la Argentina es responsabilidad de la Dirección Nacional Electoral (DNE), dependiente hasta hace poco del Ministerio del Interior, ahora del Ministerio de Justicia y Derechos Humanos. Existe además un eslabón crítico dentro del sistema judicial, compuesto por veinticuatro juzgados federales de primera instancia, cada uno con competencia en cuestiones electorales en sus respectivas provincias (por convención, se trata de los juzgados número 1), y un tribunal de apelaciones, la Cámara Nacional Electoral, que ejerce su jurisdicción en todo el país. La división de tareas entre la DNE y la justicia es por lo menos poco clara, ya que esta última también desarrolla algunas funciones administrativas, como el mantenimiento de los padrones electorales, y de control. Adicionalmente, cada provincia organiza sus propias elecciones.

La organización actual de los comicios resulta muy insatisfactoria. Uno de los principales problemas que enfrenta es la poca capacidad de sanción que tiene la justicia electoral, debido a la falta de recursos adecuados, a la complejidad de la normativa de financiamiento a las campañas políticas y a la laxitud de la legislación. Por otra parte, algunos jueces electorales recientemente designados, como el Dr. Durán de la provincia de Buenos Aires, que tiene casi el 40% de los electores del país, fueron objeto de fuertes cuestionamientos debido a sus evidentes simpatías partidarias.

El financiamiento de las campañas políticas

El financiamiento de las campañas electorales es ciertamente objeto de controversias y escándalos en casi todos los países. En los Estados Unidos, una decisión de la Corte Suprema de Justicia en 2010 (en el caso denominado Citizen United) revolucionó el ambiente político: permitió el financiamiento directo de las empresas a las campañas electorales. Antes solo podían contribuir con Comités de Acción Política, que apoyan determinadas causas, pero no a candidatos específicos. En Chile, más recientemente, los casos "Penta" y "SQM", denominados así por los nombres de dos compañías que fueron encontradas financiando campañas mediante la emisión de boletas apócrifas, conmovió desde la izquierda hasta la derecha de la política trasandina. En el Brasil, el caso Petrobras afectó la gobernabilidad de la presidente Dilma Roussef durante su segundo mandato y amenaza con contagiar a buena parte de la clase política.

Se trata de una cuestión de difícil solución y, en la Argentina, la dimensión del problema parece mayor que en los países mencionados. Análisis de la ONG Poder Ciudadano mostraron que los gastos de campaña reales en el país exceden en varias veces los declarados por los partidos, y esto involucra a todo el espectro político. Esto no considera las donaciones en especie ni la ventaja de los oficialismos con el manejo de significativas pautas de publicidad oficial.

La Argentina tiene un sistema mixto de financiamiento de campañas electorales, público y privado, restringido cuando proviene por parte de empresas. La ley 26.571 de diciembre de 2009, además de implementar las PASO, modificó la ley 26.215 de Financiamiento de los Partidos Políticos. Como muchas normas aprobadas en este período, detrás de algunos avances, como la introducción de la pauta oficial en medios para todos los partidos, se impulsaron algunos cambios con el objetivo de beneficiar al oficialismo. Así, según un reporte de Poder Ciudadano, habría sido la derrota de Néstor Kirchner en la provincia de Buenos Aires en la elección de diputados nacionales contra Francisco De Narváez durante 2009 lo que llevó al gobierno a restringir el financiamiento corporativo de las campañas.

La conveniencia o no de hacerlo podría ser objeto de debate. Aquí, sin embargo, debe contrastarse con el elevado uso de la pauta oficial por parte de los gobiernos nacionales, provinciales y locales. Según Poder Ciudadano, en la campaña de 2013 todos los partidos juntos declararon gastos de campaña, incluyendo primarias y la elección general, de 89 millones de pesos. En 2013, el gobierno nacional invirtió más de 2000 millones de pesos en pauta publicitaria, cuyo uso electoral resulta evidente cuando se constata su evolución en el año: durante el segundo semestre fue casi un 45% más alta que durante el primero. El presupuesto de Fútbol para Todos, un programa utilizado para elogiar a los principales personajes del oficialismo, se aproximaba a esa cifra. También las provincias y los municipios tienen pautas de publicidad muy elevadas. Tanto el gobierno nacional como las provincias y municipios utilizan además formas indirectas de propaganda oficial, como los bancos y otras empresas públicas o la ANSeS. A esto se suma el descarado empleo de la cadena nacional en épocas recientes.

Las reiteradas violaciones a las leyes de financiamiento de las campañas no son objeto de sanciones por parte de las autoridades electorales o son tan leves que no producen una modificación de comportamientos.

Un sistema político fraudulento, fragmentado y territorializado

La consecuencia del sistema electoral vigente y de la implosión de la Unión Cívica Radical en 2001 fue la creciente fragmentación y territorialización del sistema político argentino. Los partidos, incluyendo al peronismo (PJ), se han debilitado y desinstitucionalizado. Estos dos partidos, que dominaron la escena electoral por muchas décadas –el primero, desde 1916–, fueron desde sus inicios "atrapa todo", es decir, sin una ideología muy marcada. Hoy, esa característica está exacerbada. Es muy difícil entender qué ideas o intereses representan, en particular en el caso del PJ. La política se ha personalizado y mediatizado, según una tendencia mundial, por lo cual no llama la atención que los dos principales candidatos presidenciales de 2015 hayan hecho sus carreras inicialmente fuera de ella.

El bipartidismo que caracterizaba a la Argentina en 1983 es cosa del pasado. Los grandes partidos se transformaron y fragmentaron territorialmente. El peronismo, según un estudio de Steven Levitsky, pasó de ser una coalición entre trabajadores urbanos sindicalizados y sectores conservadores de provincias periféricas antes de las reformas de los noventa, a una coalición de líderes locales que basan su poder territorial en el manejo de maquinarias políticas clientelares. Con esta transformación, resistió mejor que el radicalismo el impacto de la crisis de 2001-2002. La UCR se disgregó en varios espacios distribuidos a lo largo del espectro ideológico (ARI, UCR, GEN), afectado por la imposibilidad de terminar un mandato presidencial por segunda vez seguida y porque su base electoral es la clase media que habita en las provincias más pobladas y, por lo tanto, en las que el sistema electoral proporcional fomenta la fragmentación.

El sistema de partidos evolucionó y hoy es imposible reconocerlo. Los partidos que se presentan en la escena nacional son, en realidad, coaliciones de adhesión de caciques territoriales. El Frente para la Victoria, por ejemplo, estaba integrado en 2003 por los partidos De la Victoria, Nueva Dirigencia (Jujuy y CABA), Nacionalista Constitucional, PAIS y Progreso Social (Buenos Aires), GESTA (CABA), Popular (Corrientes), Acción Popular (Córdoba), Unión Popular (Salta), Movimiento de Renovación Cívica (Jujuy), Acción para el Cambio (Córdoba), Memoria y Movilización Social (CABA y Buenos Aires), Santiago Social (Santiago del Estero) y Frente de Integración Social para un Cambio en Libertad (Mendoza). En las elecciones siguientes, la composición fue muy distinta.

Existe una creciente incongruencia entre los partidos nacionales y los locales, como señala Ana Mustapic. Entre 1983 y 1999, el número y tipo de partidos que competían para los cargos nacionales y provinciales eran parecidos. Eso cambió luego de la crisis de comienzos de siglo. Esta desnacionalización fue la respuesta racional de líderes provinciales que buscaban aislarse del impacto de la crisis, según un estudio detallado realizado por Calvo y Escolar. El sistema electoral vigente, sin embargo, fue el que permitió este fenómeno, facilitando esta estrategia de adaptación por parte de políticos oportunistas que pugnaban por sobrevivir.

El número de partidos en todo el país pasó de 79 en 1983, con presencia en 3,9 provincias en promedio, a 304 en 2005, con presencia en 2,2 provincias en promedio. El sistema de partidos se convirtió en un verdadero "cambalache", con dirigentes que transitan entre espacios o coaliciones de elección en elección. Los ejemplos son múltiples y permanentes, y en ocasiones pueden surgir de diferencias ideológicas o programáticas, incluso en desacuerdos con determinadas decisiones tomadas por un gobierno o por un líder o partido en particular. Pero más allá de casos puntales, el conjunto del sistema político carece de anclas, se encuentra en permanente reconfiguración, describe una trayectoria errática y lábil. Este travestismo causa escándalo entre muchos observadores, que califican dichos "pases" en términos morales o de conductas personales cuestionables, cuando en realidad son una respuesta racional individual, altamente ineficiente desde el punto de vista social, al sistema electoral y de partidos.

El principal inconveniente es lo dificultoso que resulta armar coaliciones políticas estables, problema que aqueja en especial al amplio espectro no peronista. Las alianzas nacionales se caracterizan por una compleja articulación de facciones locales y candidaturas nacionales, en las cuales el elemento de unión no es la ideología. Es que el sistema político-electoral no brinda incentivos a coordinar esfuerzos, como ocurre en Chile. Ante cualquier problema, los dirigentes locales buscan salidas individuales, tienden a romper acuerdos previos, prefieren diferenciarse antes que privilegiar la sustentabilidad de coaliciones o incluso de gobiernos con los que pueden tener desacuerdos puntuales, cuyo efecto tóxico escala por las características del diseño institucional. Por ejemplo, esto fue lo que precipitó el desmembramiento del gobierno de Fernando de la Rúa cuando intentó enderezar la situación fiscal en 1999-2001.

La desnacionalización también disminuye la importancia de las etiquetas y de las identidades partidarias, así como de los debates de las políticas nacionales, en favor de las agendas locales instrumentales, lo que hace que los partidos sean poco programáticos y empeoren las políticas públicas nacionales. En el capítulo 6 propondremos un camino para intentar reconstruir un sistema estable de partidos políticos nacionales.

3
El Estado y los sistemas de control

El Estado, un botín grande

El Estado en la Argentina constituye un botín muy grande, que inclina drásticamente la cancha electoral a favor de quienes están en el gobierno. Los medios periodísticos dan cuenta de este descalabro, en el cual se mezclan la política y los negocios y, en ocasiones, hasta el fútbol y la droga. No es una situación novedosa, aunque parece haber recrudecido en los últimos años. Las noticias aparecen sin solución de continuidad, saturan a la opinión pública, casi no causan sorpresa, ni generan castigos penales ni, muchas veces, tampoco sociales. En la Argentina actual, dado el desmanejo de los recursos públicos y los abusos derivados de la cooptación para fines políticos y/o de negocios de reparticiones o agencias del Estado, se han tolerado algunas prácticas que en otros países harían caer gobiernos.

Los ejemplos abundan y son escandalosos. El día que atacaron a Sergio Massa en La Matanza durante una recorrida de campaña de 2013, los medios rápidamente identificaron al agresor como empleado del municipio y barra brava del Club Almirante Brown. Durante el conflicto entre la aerolínea LAN y el gobierno, leíamos: "Aeroparque está copado por La Cámpora"; de hecho, a esa agrupación le fue entregado el gerenciamiento de la empresa Aerolíneas Argentinas, que por su borroso estado legal carece de los mínimos sistemas de control y auditoría, a pesar de recibir millonarios subsidios por parte del Estado. Existe mucha evidencia anecdótica respecto de cómo los dirigentes de esa agrupación política "retienen" parte del sueldo de los contratados, una suerte de "impuesto" por la gracia de haberles otorgado el empleo. Las escuchas del fiscal especial del caso AMIA Alberto Nisman muestran cómo el controvertido dirigente político Luis D'Elia, intermitente funcionario del gobierno kirchnerista, pagó a la barra brava de otro club de fútbol, All Boys, presuntamente con dineros públicos, para que acudiera a un acto a vitorear al presidente de la República Bolivariana de Venezuela, Nicolás Maduro. La pauta de publicidad oficial de 2015 superó al menos los 1800 millones de pesos, sin contar la publicidad de los organismos oficiales como la ANSeS y las empresas públicas. Con este monto podrían construirse unas cien escuelas por año de dos mil metros cuadrados cada una. Algunos medios periodísticos afines al oficialismo vivieron durante la presidencia de CFK de la publicidad oficial, mientras otros, de corte independiente, no recibían casi nada, aunque sus audiencias fuesen mayores que las de los primeros. A diario escuchamos sobre casos de uso indebido de fondos públicos y pocas veces vemos a los supuestos responsables pagar por ello. Cabe recordar que existen dos fallos de la Corte Suprema de Justicia, correspondientes a litigios iniciados por los diarios *Río Negro* y *Perfil*, donde se dispone que el Poder Ejecutivo debe definir una fórmula para asignar de manera transparente y no discrecional los recursos de la pauta oficial. Lamentablemente, los gobiernos provinciales y municipales replican y profundizan esas prácticas condenables que contaminan el mundo de los medios y generan desconfianza en la opinión pública.

Estos son solo unos pocos ejemplos recientes y notables. El uso y abuso del Estado como botín del gobernante de turno no es en absoluto nuevo en la Argentina. Desde hace muchos años rige la regla de que "el que gana se queda con todo". Vale la pena enfatizar que en muchas provincias, sobre todo las más pobres, la situación es peor que lo observado a nivel nacional. Allí el impacto es mayor, puesto que la economía privada es pequeña respecto del peso relativo del Estado, limitando de este modo la autonomía de muchos ciudadanos.

¿Por qué ocurren estos hechos? ¿Con qué criterio se selecciona a los empleados públicos? ¿Acaso por su idoneidad, o por lazos familiares, de afinidad política o conveniencia personal de un político o influyente de turno? ¿Son, una vez en sus puestos de trabajo, sometidos a reglas claras de incompatibilidad de funciones? ¿Existe un límite a la creación de empleo público, tanto de planta permanente como contratado? ¿Cómo se asignan los gastos de publicidad oficial? ¿Hay reglas claras para controlar las licitaciones públicas? ¿Están vigentes los organismos de control sobre el accionar de los funcionarios públicos? Lo más probable es que las respuestas a muchas de estas preguntas sean afirmativas. Las reglas existen, pero no se cumplen.

En este capítulo analizaremos la situación actual de la burocracia estatal, del sistema de asistencia social y de los mecanismos de control. Mostraremos cómo las fallas actuales dan lugar a un elevado nivel de corrupción y a políticas públicas inefectivas. Finalmente, mostraremos cómo estas falencias están ligadas al sistema electoral y al de coparticipación federal.

El sector público argentino: servicio civil vs. patronazgo

La Argentina es el país con más empleo público de América latina (Gráfico 4). Según un estudio del Banco Interamericano de Desarrollo (BID) y de la Organización para la Cooperación y el Desarrollo Económico (OCDE) alcanzaba, en 2006, alrededor del 15% de la fuerza laboral ocupada. Superaba notablemente el promedio regional (10,7%) y casi igualaba el de los Estados de la OCDE (15,3%), pero no ofrecía bienes y servicios públicos de las mismas cantidad y calidad. El informe detalla que los trabajadores directivos superiores del Estado en la Argentina perciben mejores salarios que en otras naciones cuando se comparan las remuneraciones con el PIB per cápita del país, lo que supera el promedio regional y casi duplica el de las naciones de la OCDE.

Gráfico 4. Argentina, el país con más empleo público de América latina. *Fuente:* BID y OCDE (2014).

Otras fuentes muestran un panorama mucho peor, con un empleo público aún más abultado. Algunas diferencias con los datos del BID/OCDE surgen debido al año en que se tomaron las muestras y/o por las distintas fuentes para los datos; otras, por la definición de sector público considerada (si incluye empresas públicas, provincias, municipios, etcétera). Aunque parezca increíble, no sabemos exactamente cuántos empleados públicos hay en la Argentina, lo que en sí mismo refleja los cuestionables estándares organizacionales que imperan en el país en relación con la administración pública. Lo que es seguro es que son muchos y que, al margen de la cantidad, la calidad de su aporte al interés general es por lo menos mediocre.

El empleo público creció a una tasa promedio anual del 3,9% desde 2003, según un estudio de FIEL, mucho más rápidamente que el empleo privado, que lo hizo al 1,8%. Según otro informe de CIPPEC, una ONG dedicada a la implementación de políticas públicas, el incremento entre 2003 y 2012 fue de 71%. De ese porcentaje, el 52% se explica por el aumento en la planta permanente, mientras que el 48% restante corresponde al personal contratado, cuyo criterio de reclutamiento es, expresamente, el menos exigente. Durante esos años, el crecimiento en el número de trabajadores contratados fue del 224%, registrado sobre todo dentro del Poder Ejecutivo Nacional.

El surgimiento de "burocracias paralelas" no es en absoluto nuevo, aunque es probable que en los últimos años su expansión haya sido la mayor de la historia. En 2014, el número de empleados en la Administración Pública Nacional era de 358.000, contra los 266.000 de 2006. En todo el sector público, incluyendo provincias y empresas públicas, la cifra ascendía a 3.650.000 empleados, o sea más del 22% de la fuerza laboral.

En la mayoría de las provincias, la cantidad de empleados públicos provinciales supera el 30% de los empleados totales. Las más pequeñas son las que tienen más empleados públicos (en el Gráfico 5, el tamaño de los puntos es proporcional al peso económico de la provincia) y las que más dependen del gobierno nacional para financiarse.

A lo largo de los años, muchos países desarrollados lograron formar servicios civiles profesionales y relativamente independientes. Según un estudio de Merilee Grindle, no fueron fáciles estos procesos de transforma-

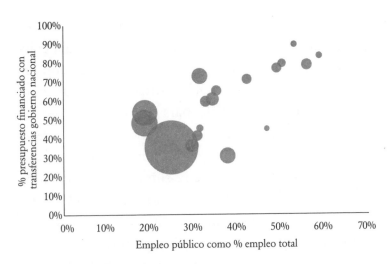

Gráfico 5. Importancia del empleo público en provincias.
Fuente: Ministerio de Economía.

ción desde sistemas de patronazgo, donde los empleos públicos se otorgan de acuerdo con criterios políticos y no profesionales, a sistemas de servicio civil fundados en los méritos de los candidatos. Enfrentaron la oposición de múltiples grupos de interés y llevaron muchas décadas, con varios episodios de retorno a las prácticas anteriores. Los casos más exitosos incluyen a Alemania, Francia e Inglaterra. En los Estados Unidos, el proceso fue más largo y complejo, ya que las maquinarias partidarias bloquearon esta tendencia a la profesionalización de las burocracias durante mucho tiempo, sobre todo en la política local.

En la Argentina, históricamente prevalecieron los criterios políticos sobre los técnicos al momento de contratar empleados públicos, aunque se han intentado varias reformas en el gobierno nacional para mejorar el desempeño de la administración pública. En 1957 se dio estabilidad a los empleados públicos, para evitar que los gobiernos entrantes desplazaran a los nombrados por sus predecesores. Un horizonte laboral sólido es requisito indispensable para construir un servicio civil profesional, aunque no el único. En 1973 se estableció un examen de ingreso, como ocurre en países desarrollados, requisito que se eliminó al poco tiempo. En 1987 el gobierno de Raúl Alfonsín creó el Cuerpo de Administradores Gubernamentales, con un sistema competitivo de selección y formación de los candidatos. El objetivo era desarrollar un equipo de élite en la administración pública nacional. Se incorporaron unos 200 empleados calificados según este sistema, que sobrevivieron al cambio de gobierno y tuvieron un rol destacado en la ejecución de las reformas del Estado de 1991-1992, incluyendo la que se intentó implementar en el servicio civil. Luego, fueron perdiendo importancia, pero aún se destacan por su calificación y profesionalismo.

La reforma más importante fue la implementada durante el gobierno de Carlos Menem en 1991, con la creación del Sistema Nacional de la Profesión Administrativa (Sinapa).[11] Su propósito era conformar un servicio civil más simple, basar la contratación en criterios profesionales, mediante entrevistas o exámenes, y dar estabilidad y mejores condiciones a los empleados

---

11. En 1992 se introdujo la negociación colectiva para los empleados públicos.

públicos. El objetivo era reclutar 30.000 empleados dentro del Sinapa. El sistema tuvo un buen arranque y entre 1993 y 1998 se contrataron más de 8000 posiciones. Llegó a tener una plantilla de 24.718 personas en 2002, más del 20% de los empleados permanentes del personal civil de la Administración Pública Nacional.

Sin embargo, el mismo Menem comenzó a incluir cambios en 1995 que limitaron el alcance del Sinapa y produjeron nuevamente la expansión de empleados contratados con criterios políticos. En 1995, firmó un decreto que permitió la incorporación por medio de contratos de "producto y servicio". Además, el decreto 92 de 1995 habilitó la expansión de los contratos temporarios, los cuales llegaron a 5500 hacia fines de 1999 y 17.000 para 2002. Existieron otras formas de acotar el alcance y limitar la consolidación del Sinapa en los años siguientes, como la contratación de empleados mediante programas financiados por organismos internacionales. Para 2000 ya no se reclutaba por medio del Sinapa y casi todas las contrataciones fueron hechas con criterios no técnicos o profesionales. Hacia finales del siglo pasado, la administración pública se caracterizaba por la coexistencia y superposición de distintos sistemas.

La Argentina probó todos los caminos de reforma del servicio civil. Ninguno de ellos funcionó. Los gobiernos de la región intentaron cuatro tipos de reforma en esta área: la creación de una amplia carrera, la conformación de un cuerpo de élite, la definición de sus sistemas en función de unas pocas posiciones clave y la formación de un cuerpo de consultores financiados por organismos internacionales. La Argentina apeló a estas opciones de forma intermitente, pues ninguno de ellos perduró en el tiempo ni logró hacer una diferencia en la calidad del servicio civil.

Spiller, Tommasi y Bambaci argumentan que existe un "choque de horizontes" entre quienes deberían velar por la consolidación de una burocracia profesional y la misma burocracia, lo que lleva a la aparición de buro-cracias paralelas. Los primeros son el Poder Ejecutivo y el Poder Legislativo. Pero los miembros de aquel, como los ministros, tienen horizontes cortos: en la Argentina sufren una rotación más veloz que en otros países de la región, lo cual es aún mucho peor cuando se compara con países desarrollados; en consecuencia, no tienen incentivos para "invertir" en producir una burocracia fuerte. Ese rol debería entonces caer en el Congreso. Pero, como vimos en el capítulo anterior, el sistema electoral hace que en el país los legisladores tengan ca-rreras muy cortas. El promedio de años de permanencia de un diputado es de los más bajos del mundo. Así, tampoco tienen incentivos para preocuparse por este tema. Ni siquiera una reforma tan importante como la creación del Sinapa fue resultado de un debate amplio y la búsqueda de un consenso entre distintas fuerzas políticas en el Congreso. Surgió por un decreto (el 993 de 1991), como casi todos los cambios relacionados a la administración pública desde 1940.

El Congreso y los presidentes y ministros cambian seguido, pero a los empleados públicos de "planta permanente" la ley los protege en sus puestos. Este choque de horizontes hace que para los gobiernos sea difícil "mover la maquinaria" de la burocracia para lograr sus objetivos. Como resultado, crean "burocracias paralelas", con funcionarios políticamente cercanos que responden a los pedidos del Poder Ejecutivo de turno. Algunos de ellos pueden tener calificaciones adecuadas para desempeñar sus tareas, pero muchos otros no, pues no existe un mecanismo que promueva la meritocracia y genere los incentivos adecuados para atraer talento al sector público. La cooptación con criterios políticos de funcionarios públicos es un clásico que cambia de denominación pero permanece como fenómeno: fueron los jóvenes de la "Coordinadora" en la época de Alfonsín, los "Cavallo Boys" en los noventa, y los del "Grupo Sushi" durante la Alianza; con los Kirchner predominó "La Cámpora". Y si no se modifican las reglas del juego, pronto surgirá alguna otra agrupación leal al presidente en ejercicio.

Esta es una forma de ver el problema de la contratación de empleados públicos con criterios no profesionales. Otra, complementaria, es que el propósito de tal despropósito es contratar gente que apoye al gobierno para "remunerarla" por servicios que presta, en realidad, al partido o facción gobernante. Es el caso de los denominados "punteros", esos jefes políticos con influencia local.

A este modelo se lo llama comúnmente "patronazgo". Como es de sospechar, está interrelacionado con los resultados electorales, ya que su existencia extendida inclina la cancha electoral hacia el partido oficialista, que cuenta con una suerte de ejército pago con los recursos de los contribuyentes, ventaja con la que no cuenta la oposición. *Como resaltamos en la Introducción, los problemas en el sistema electoral, en la forma de funcionamiento del sector público y en el sistema de coparticipación están íntimamente ligados entre sí. Y constituyen un círculo vicioso que es imprescindible romper para que mejore la calidad de la democracia y de los bienes públicos que debe producir el Estado y que son indispensables para impulsar el desarrollo humano.*

No es sorprendente, entonces, que la administración pública argentina sea de mala calidad. Es muy difícil definir estándares objetivos para medir y comparar esa calidad con la de otros países, pero algunos lo han intentado. Evans y Rauch evaluaron distintos criterios de ideal weberiano (Max Weber fue un muy destacado sociólogo y pensador alemán de comienzos del siglo XX que escribió sobre la importancia de contar con burocracias modernas y profesionales), incluyendo medidas como los salarios, la meritocracia a la hora de la contratación y la promoción de empleados públicos y la existencia de una carrera de servicio civil. En el Gráfico 6 se exponen los resultados. Un número más alto de este índice (el eje vertical) refleja una administración pública más cercana del ideal weberiano. Más recientemente, investigadores del BID construyeron un índice de mérito en el reclutamiento de los empleados públicos. Cuanto más alto, más responde la contratación a criterios de mérito (la existencia de un examen de ingreso, por ejemplo, incrementa el índice). Los resultados también pueden verse en el Gráfico 6, a partir del tamaño de los puntos. También incluye un índice del Banco Mundial (eje horizontal), en el que un número más bajo implica una mayor percepción de corrupción. La Argentina está en una de las peores posiciones en América latina, abajo y a la izquierda y con un tamaño de círculo pequeño, cerca de países como Guatemala y Ecuador, y muy lejos de Chile o del Brasil.

La mala calidad de la administración pública es uno de los tantos factores que lleva a que la calidad de las políticas públicas en el país tampoco sea buena.

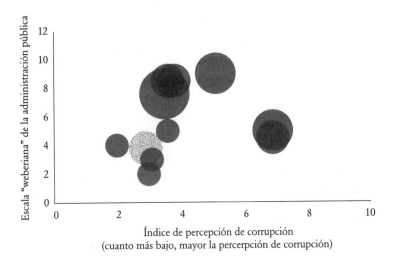

Gráfico 6. Una administración pública de mala calidad y corrupción van de la mano; la Argentina (puntillado). *Fuente:* Grindle (2012), Evans y Rauch (1999) y BID (2014).

El clientelismo

Todos los gobiernos redistribuyen recursos entre los ciudadanos de distintas maneras: transfiriendo dinero, dando empleo o un crédito, otorgando educación gratuita a los niños, brindando protección social a los ancianos, etcétera. Estos mecanismos de distribución se combinan con los sistemas tributarios (que pueden tener sesgos progresivos, regresivos o neutros), de acuerdo con objetivos políticamente determinados respecto de los niveles de igualdad que tiene una sociedad. Se trata de un debate en permanente evolución, tanto en países desarrollados como en desarrollo. En este contexto, un área de creciente importancia en los países emergentes, donde la desigualdad del ingreso es muy alta, fue, y sigue siendo, la de los programas sociales para erradicar la pobreza extrema, asegurando un piso mínimo de igualdad de oportunidades para todos los ciudadanos.

Esta clase de programa se expandió notoriamente en América latina en la última década y media, a raíz del bajo crecimiento experimentado al inicio del siglo, que profundizó la pesada herencia histórica, de la mayor disponibilidad de fondos fiscales debido al aumento de los precios de los bienes que exportan estos países y del fuerte crecimiento de la informalidad laboral. Un estudio muestra que en 2012 había más de 27 millones de familias en siete países de la región que recibían planes sociales con contraprestaciones de *performance* en materia educativa y de salud ("programas de transferencias condicionadas"), un subconjunto de creciente importancia dentro de ese mundo de políticas para aliviar la pobreza. Con la expansión de esos programas, aumentó también la posibilidad de obtener favores políticos a cambio. La Argentina fue parte de este proceso. En 2014 había más de 18 millones de beneficiarios de planes sociales en el país.

Son muy pocos (los denominados "libertarios", una corriente de pensamiento de cierta importancia en los Estados Unidos) quienes objetan todas las formas de redistribución que hace el Estado, pero existen múltiples críticas respecto de los criterios de asignación, la transparencia, el impacto y el alcance de esos esfuerzos. Los extremos permiten aclarar los argumentos más en boga. Por ejemplo, el uso de impuestos para pagar educación o salud primaria de forma gratuita recibe apoyo mayoritario. Por el contrario, la entrega de un choripán comprado con el dinero de los contribuyentes a cambio de la participación en un acto gubernamental o de un subsidio o plan social para influir en el voto son, en cambio, prácticas condenadas casi unánimemente.

Los modos de distribución que generalmente reciben reparos por parte de la ciudadanía son, además del patronazgo y de la corrupción lisa y llana como la que se produce en algunas licitaciones públicas, los asociados con el clientelismo.

El clientelismo es el intercambio individualizado y contingente de bienes y servicios a cambio de apoyo político. Para que el clientelismo sea efectivo, no debe existir un criterio público para la distribución de los bienes o, si existe, debe poder ser subvertido por quienes reparten la ayuda, típicamente con fines partidarios. Se manifiesta como ayuda individualizada, en contraste con la que beneficia a un determinado grupo. Esta individualización permite que sea contingente o precario: quien la distribuye tiene también alguna capacidad para "castigar" al cliente si este no cumple con su parte del "contrato".

Para que el clientelismo pueda extenderse, son necesarias ciertas condiciones tanto de parte del político que despliega prácticas clientelares como del cliente que las recibe y reproduce, que están en efecto presentes en muchos programas sociales en la Argentina.

Desde el punto de vista del político, lo más importante es el poder de discrecionalidad: la capacidad de otorgar los programas a quien uno quiera. Un ejemplo claro es la distribución de bienes que hacen los punteros: desde colchones hasta remedios y leche en polvo. Este aspecto está relacionado con una característica importante de los punteros: son *multitasking*. No solo reparten los planes sociales, sino que también ayudan a las familias de su barrio en múltiples ocasiones, tanto con artículos como los mencionados como con la concreción de algún trámite. El puntero conoce bien a los clientes, sus necesidades, sus conflictos, y se transforma en un mediador frente a un aparato estatal que está lejano o, muy a menudo, del todo ausente. La ineficiencia e incapacidad del Estado constituyen entonces condiciones necesarias para que existan y se consoliden estas formaciones clientelares tan comunes y difíciles de remover.

La segunda característica es la politización del servicio social. En programas como "Progresa", en México, los beneficiarios cuentan con tarjetas de débito ligadas a cuentas bancarias donde se depositan los fondos. Los criterios para recibir los beneficios son auditados por una agencia independiente del poder político. En muchos programas sociales a lo largo y lo ancho de la Argentina, los clientes tienen que ir a pedir los beneficios a oficinas cuyas paredes exhiben cuadros de los rostros de los líderes del partido gobernante, las mismas caras que luego están en las boletas electorales.

Otras características importantes son la centralización de las decisiones de ayuda y la creación de una sensación de escasez o de acceso impredecible en la percepción de los beneficios. En trabajos de campo realizados por investigadores como Rebecca Weitz-Schapiro, se encontró que en muchos pueblos los clientes hacían largas filas y eran atendidos por el intendente directamente, mientras los funcionarios "de carrera" del área social miraban sin hacer nada. Además, los beneficios eran otorgados por un tiempo breve, para generar dependencia del puntero. Por ejemplo, se detectó que cuando las madres pedían fórmula de leche para sus hijos, les otorgaban solamente dosis limitadas, con el objetivo de hacerlas volver a reclamar ayuda.

Desde el punto de vista del cliente, las condiciones importantes para que el clientelismo funcione son dos. La primera es que debe estar dispuesto a votar "instrumentalmente", es decir, a entregar su voto y otras expresiones de apoyo político, como participar de un acto proselitista, a cambio de bienes materiales, más allá de sus preferencias electorales verdaderas. Las personas de más bajos recursos, que suelen ser más contrarias a tomar riesgo, pueden pragmáticamente preferir los bienes distribuidos en momentos de elecciones a las promesas intangibles por parte de líderes opositores de ciertos tipos de políticas públicas supuestamente superadoras de la situación imperante.

La segunda característica es que, en el marco de políticas sociales que no son universales ni respaldadas por acuerdos legislativos que le otorguen certidumbre y perdurabilidad, aun si los clientes están dispuestos a votar instrumentalmente, lo van a hacer solo si perciben que su voto puede ser monitoreado por los punteros. Si estuviesen seguros de lo contrario, podrían elegir a los políticos de su preferencia con la tranquilidad de saber que seguirían recibiendo la ayuda social que tanto necesitan. En la Argentina, una encuesta de 2003 mostró que apenas la mitad de los votantes estaba seguro de que su voto no podía ser monitoreado. Los punteros tienen maneras de determinar por quién votan sus clientes. El vetusto sistema que se mantiene vigente permite diferentes formas de control. Además, la estrecha relación entre puntero y cliente hace también que sea más difícil que este último le mienta.

La Argentina es uno de los países más clientelares del mundo. Según algunas investigaciones, el Partido Justicialista cuenta con 291.000 punteros, contra aproximadamente 160.000 de la Unión Cívica Radical. Todos, con esa cualidad *multitasking*, desarrollan también varias tareas para los políticos, que incluyen desde el reclutamiento de los votantes el día de la elección o el control de las elecciones como fiscales, hasta las movilizaciones para los actos partidarios. Así es como se llenan los colectivos que muchas veces se ven estacionados en las cercanías de los lugares donde se organizan las manifestaciones masivas. Dado que para los políticos es difícil monitorear qué tan bueno es un puntero, utilizan medidas imperfectas, como la capacidad de cada uno de ellos para movilizar gente a los actos partidarios. Los punteros, además, permiten a los políticos acceso a zonas difíciles y los proveen de información sobre los votantes.

También pueden jugar un rol crucial para evitar desbordes sociales (o para causarlos, si fuera necesario). Son capaces de organizar comedores comunitarios o distribuir comida para contener potenciales conflictos en momentos difíciles. Pero también, según varios estudios, incluyendo encuestas a punteros, muchos de ellos, siguiendo las órdenes de sus jefes políticos, han impulsado los saqueos en 1989 y en 2001.[12]

La Argentina es también uno de los países del mundo donde el clientelismo es más efectivo electoralmente. Según un estudio que incluye noventa naciones, la Argentina está entre las nueve en las que los partidos hacen un mayor esfuerzo clientelar y, al mismo tiempo, obtienen

---

12. Los punteros se benefician de varias maneras. Pueden ser funcionarios de las municipalidades o recibir programas sociales. Numerosas entrevistas muestran que la mayoría se queda con un porcentaje de los planes sociales que entrega.

los mejores resultados para movilizar votos a cambio de beneficios para los votantes. Esto se debe, de acuerdo con el mismo estudio, a que la capacidad de monitoreo de los votantes se halla entre las más altas del mundo, debido a la forma en que opera nuestro vetusto sistema electoral.

El clientelismo reduce la efectividad de los programas sociales. Desvía recursos y energía de la creación de servicios públicos más eficientes y fácilmente accesibles para la población hacia un sistema inefectivo, además de moralmente repudiable. En este sentido, es importante mencionar sobre todo la notable investigación del presbítero Rodrigo Zarazaga sobre el Programa de Inversión Social con Trabajo (PRIST), más conocido como "Argentina Trabaja", y la Asignación Universal por Hijo (AUH), aunque podríamos cubrir todo un libro con ejemplos.

En primer lugar, Zarazaga compara el PRIST con la AUH. Ambos cubren en conjunto alrededor de dos millones de hogares y se encuentran dentro de los programas de transferencias condicionadas, donde los beneficiarios reciben efectivo a cambio de cumplir ciertos compromisos que incluyen que los niños vayan a la escuela o se vacunen, entre otros. El principio en teoría es que las generaciones más jóvenes desarrollen capital humano con el objetivo de evitar que se perpetúe la pobreza.

El PRIST y la AUH no pueden haber tenido resultados más distintos. Zarazaga argumenta que las diferencias en sus resultados obedecen a las distintas razones que les dieron nacimiento. Ambos fueron implementados luego de la derrota del kirchnerismo en las elecciones legislativas de 2009, que tuvieron lugar luego de la desaceleración económica, fruto del conflicto con el campo y de la crisis financiera internacional, pero tuvieron objetivos políticos distintos.[13]

La AUH otorga una prestación monetaria no contributiva a los grupos familiares desocupados. Es como una asignación para grupos familiares que están en la informalidad. Representaba, en su momento, 30% del costo de la canasta básica total. Se implementa a través de un organismo burocrático, la ANSeS, y deja poco espacio para la discrecionalidad ya que los criterios para que una familia sea incluida son bastante claros. Es así que Zarazaga encuentra en las entrevistas con punteros que hay poco o nada de uso clientelar de la AUH.

La creación del PRIST obedeció a otra lógica u objetivo: retomar el control político del conurbano. En la elección de 2009, fue notorio el corte de boleta en muchos de esos municipios a favor de varios intendentes y en contra del candidato a diputado nacional del oficialismo, Néstor Kirchner. El PRIST es un programa para desocupados que les permite prestar cuarenta horas de trabajo semanales, cinco de las cuales se dedican a la capacitación, en una cooperativa establecida a los fines del programa.

---

13. Fueron implementados por decreto presidencial a pesar de que existían varios proyectos de legisladores de la oposición para instrumentar programas similares.

Dista de ser universal como la AUH y, por lo tanto, estuvo sujeta a la manipulación. En primer lugar, para implementarla se excluyó a los municipios gobernados por la oposición. En segundo lugar, el manejo de los planes se dio a los intendentes de acuerdo con su leal-tad: los afines al gobierno nacional podían establecer la cooperativa para administrar los planes; los díscolos, es decir, los que tuvieron mucho corte de boleta a su favor en la elección de 2009, vieron cómo la gestión de los planes pasó a manos de algún grupo piquetero, como el Movimiento Evita. Por último, los punteros fueron los encargados de enrolar a los beneficiarios y de controlar que cumplieran las tareas pendientes. Según el estudio de Zarazaga, excusaban a los beneficiarios de trabajar a cambio de un porcentaje del plan social. Por eso, muchos en el conurbano llaman a este plan "Argentina descansa".

En el otro estudio, basado en entrevistas con 120 punteros y en el uso de la base de datos de la Encues-ta Permanente de Hogares del INDEC, Zarazaga muestra cómo el clientelismo hace que se deje de lado en el programa PRIST, precisamente, a los hogares más vul-nerables. Esto ocurre porque los políticos que lo im-plementan buscan maximizar su impacto electoral. Así, distribuyen los recursos en familias con mayor cantidad de votantes, es decir, con más integrantes mayores de dieciocho años, en lugar de apuntar a las que tienen hijos más pequeños.

El clientelismo es un cáncer para la democracia. Su principal problema es que los políticos pierden todo *accountability* frente a los votantes. Si estos no expresan sus preferencias políticas en las elecciones, sino que eligen instrumentalmente para recibir beneficios de corto plazo de los punteros, ¿qué incentivos tienen los gobernantes para implementar políticas efectivas y para responder a las necesidades de la ciudadanía? Ninguna. El ejercicio del voto se convierte en un mero ritual para mantener en el cargo a los gobernantes. No deja de sorprender lo que mostramos en el capítulo anterior: la ventaja de los oficialismos en las elecciones provinciales y municipales en la Argentina es impresionante. La cancha está en efecto inclinada. Tampoco sorprende en este contexto que las políticas públicas sean muy ineficientes, en un marco en el que los votantes son "controlados" por los políticos, en lugar de ser sus "controlantes".

Los sistemas de control

El Poder Judicial debe velar por el cumplimiento de las leyes y el control de constitucionalidad de los actos de gobierno. El artículo 116 de la Constitución Nacional dice: "Corresponde a la Corte Suprema y a los tribunales inferiores de la Nación, el conocimiento y decisión de todas las causas que versen sobre puntos regidos por la Constitución, y por las leyes de la Nación". El Poder Judicial está integrado por la Corte Suprema de Justicia (CSJN), el más alto tribunal del país, y por los tribunales inferiores federales y provinciales. La Justicia Nacional ejerce sus atribuciones en todo el territorio de la república en asuntos de competencia federal, definidos en el mencionado artículo 116. Por otro lado, la justicia ordinaria trabaja a través de organismos provinciales organizados de acuerdo con sus constituciones y con prescindencia del gobierno central. En esta sección nos ocuparemos solamente de la justicia federal y de los organismos de control nacionales.

Para reforzar el sistema de controles, la Argentina cuenta con otros organismos creados en años recientes en base a una tendencia global y a recomendaciones de los expertos en anticorrupción, que promueven la existencia de múltiples entes que evalúen continuamente el comportamiento del poder político.

Son entidades que no tienen capacidad de sanción, como posee el Poder Judicial, aunque sí capacidad de investigación y denuncia. Algunos fueron creados en la reforma constitucional de 1994, donde se determinó que el Congreso debía legislar sobre un Consejo de la Magistratura (CM, que daría, en teoría, más independencia a los jueces respecto del poder político de turno), una Auditoría General de la Nación (que asistiría técnicamente al parlamento en lo vinculado al control patrimonial, económico, financiero y operativo del sector público) y un defensor del Pueblo, entre otros institutos reguladores. Además, la creación de la figura del jefe de Gabinete obligaba al Ejecutivo a informar regularmente al Congreso sobre la marcha del gobierno.

La justicia, el Consejo de la Magistratura y el ministerio público

Podemos pensar a la administración de justicia como si estuviera afirmada sobre tres pilares: los jueces, los fiscales (parte del ministerio público fiscal, cuyo jefe es el procurador general de la Nación), y los defensores públicos (integrantes del ministerio público de la defensa, cuyo jefe es el defensor general de la Nación). Estas últimas dos fueron reconocidas por la Constitución de 1994 como un órgano bicéfalo (el ministerio público) independiente de los otros poderes del Estado.

El presidente designa a los *jueces federales* con acuerdo del Senado, en base a una terna entre candidatos seleccionados en concurso público por el *Consejo de la Magistratura*. Los jueces de la Corte Suprema son nombrados por el presidente con acuerdo del Senado por dos tercios de sus miembros presentes. Antes de la reforma, el artículo 86 de la Constitución estipulaba que el presidente nombraba a los magistrados de la Corte Suprema y de los demás tribunales federales inferiores con acuerdo del Senado. La reforma incluyó dos innovaciones destinadas a dar más independencia al Poder Judicial: la necesidad de una mayoría especial para nombrar miembros de la Corte y el establecimiento del Consejo de la Magistratura para el nombramiento de una terna de candidatos para los tribunales federales inferiores.

Al CM le corresponde el control directo de los jueces (propuesta de ternas, facultades disciplinarias y apertura del procedimiento de remoción) y la administración del Poder Judicial. Su creación hizo bicéfalo al Poder Judicial, con la CSJN como tribunal de más alto rango y el CM como cabeza administrativa y de selección y exclusión de jueces.

El artículo 114 de la Constitución Nacional establece las pautas básicas del funcionamiento del CM. Está integrado periódicamente para procurar el equilibrio entre la representación de los órganos políticos resultantes de la elección popular, de los jueces de todas las instancias y de los abogados de la matrícula federal. Lo componen profesionales del ámbito público, académico y científico, en el número y forma que indique la ley. Sus atribuciones son las de seleccionar mediante concursos públicos los postulantes a las magistraturas inferiores; emitir propuestas en ternas vinculantes, para el nombramiento de los magistrados de los tribunales inferiores; administrar los recursos y ejecutar el presupuesto que la ley asigne a la administración de la justicia; ejercer facultades disciplinarias sobre magistrados; decidir la apertura del procedimiento de remoción de magistrados, y dictar los reglamentos relacionados con la organización judicial y aquellos necesarios para asegurar la independencia de los jueces y la eficaz prestación de los servicios judiciales.

El ministerio público está integrado por un procurador general de la Nación y un defensor general, sugeridos por el presidente y aprobados por mayoría en el Congreso. La Procuración regula a todos los fiscales que actúan en tribunales nacionales y su titular es el fiscal ante la CSJN. ¿Qué rol cumplen los fiscales en el proceso judicial? Llevan adelante las investigaciones en los juicios penales, aunque su rol ha cambiado recientemente, como veremos pronto.

Los organismos de control

Existen al menos tres organismos de control en la Argentina:

1) El defensor del Pueblo, instituido en el ámbito del Congreso Nacional por el artículo 86 de la Constitución Nacional. Tiene como misión la defensa y la protección de derechos, garantías e intereses tutelados en la Constitución y las leyes, ante hechos, actos u omisiones de la administración. También, el control del ejercicio de las funciones administrativas públicas. Es designado y removido por el Congreso con el voto de las dos terceras partes de los miembros presentes de cada cámara. Dura en su cargo cinco años y puede ser designado nuevamente una sola vez.

2) La Auditoría General de la Nación (AGN) es otro organismo constitucional (artículo 85) que asiste al Congreso en el ejercicio del control externo del sector público nacional mediante la realización de auditorías y estudios especiales para promover el uso eficiente, económico y eficaz de los recursos públicos. Es materia de su competencia

el dictamen sobre los estados contables financieros de la administración central, los organismos descentralizados, las empresas y las sociedades estatales. Es su deber investigar atropellos como el desvío de fondos públicos para financiar proyectos amigos del poder. Su presidente es designado, de acuerdo con el artículo 85 de la Constitución, a propuesta del partido de la oposición con más bancas en el Congreso.

3) La Oficina Anticorrupción, creada en 1999, vela por la prevención y la investigación de conductas corruptas en el ámbito de la administración pública nacional centralizada y descentralizada, empresas, sociedades y todo otro ente público o privado con participación del Estado o que tenga como principal fuente de recursos el aporte estatal. Su dirigencia es decidida por el Poder Ejecutivo de la Nación, lo cual, por diseño, la hace poco independiente del poder político.

La realidad: organismos cooptados y justicia blindada

La realidad es que, en la Argentina, los organismos de control son poco efectivos y la justicia opera de forma estratégica frente al poder de turno.

Estos problemas de la justicia argentina distan de ser nuevos. *Para funcionar correctamente, es indispensable que la justicia sea independiente del poder político.* Para eso, la Constitución otorga empleo de por vida a los jueces "mientras dure su buena conducta". Es decir, en teoría, que los miembros del Poder Ejecutivo y del Congreso cambian cada cuatro (presidente y diputados) o seis años (senadores), pero los jueces permanecen en sus cargos. En la práctica, esto no fue así. Entre 1930 y 1998, el promedio de permanencia de los jueces de la CSJN fue de 4,6 años. Desde mediados de los cuarenta hasta mediados de los ochenta esa cifra se ubicó incluso por debajo de los tres años. Antes de mediados de los cuarenta, el 82% de los jueces de la CSJN dejaba de serlo por causa de muerte. Luego, solo el 9%.

Como consecuencia de la inestabilidad laboral de los jueces, en la justicia argentina tendieron a predominar comportamientos "estratégicos". No es que fallen siempre a favor de los gobiernos de turno. Tampoco (mucho menos) según derecho. Lo hacen a favor o en contra de los intereses de un gobierno según cuán poderoso este sea en un contexto determinado. Algunos investigadores, como Pablo Spiller y Mariano Tommasi, se tomaron el trabajo de analizar las resoluciones de la CSJN desde 1935 hasta 1997. Detectaron que la justicia actúa más independientemente del poder político cuanto menor es el control que el partido en el poder tiene en el Congreso y cuanto menos alineados políticamente están los jueces de la CSJN con el gobierno de turno. Otros estudios encontraron que las sentencias más opuestas a los intereses del gobierno se dictan más cerca del final del mandato del presidente en ejercicio, como una forma de comenzar a alinearse con el gobierno entrante.

A estos vicios se suman algunas prácticas endogámicas de la justicia argentina, la corrupción y la falta de recursos adecuados, que la hacen, además, ineficiente. Como señala Martin Böhmer, dichas prácticas incluyen el entrelazamiento entre las carreras judicial y docente en las facultades de Derecho, que implican un permanente intercambio de favores y múltiples conflictos de intereses, lo que dificulta la implementación de eventuales reformas. Entre las acciones corruptas figuran las transacciones con dinero para acelerar o detener el avance de una causa o para que un caso "aterrice" en el juzgado apropiado. Entre las anómalas, que los jueces hablen acerca de los casos con una de las partes sin que la otra esté presente, entre muchas otras.

Así, la justicia argentina es considerada entre las peores en un ránking comparativo. El World Competitiveness Report de 2015 la sitúa en el número 127 entre 144 países calificados de acuerdo con su nivel de independencia judicial. En América latina, solamente las de Paraguay y Venezuela tienen un puntaje menor. Otros indicadores apuntan en el mismo sentido, colocando a la justicia argentina arriba del podio entre las menos independientes.

Las consecuencias son esperables. Según Latinobarómetro, en 2006 la Argentina era la segunda entre diecisiete países latinoamericanos en cuanto a porcentaje de respuestas que expresaban que la población no tenía confianza en la justicia. No creemos que haya mejorado mucho la percepción en años recientes, con escándalos sin resolver, incluyendo la muerte del fiscal Alberto Nisman.

A principios de este siglo surgieron esperanzas por parte de gran parte de la población acerca de la independencia del Poder Judicial, luego de que el gobierno de Néstor Kirchner nombrarse algunos miembros de la CSJN con un aura de independencia. Esta ilusión quedó aplastada en los últimos años, cuando asistimos un ataque sistemático del Poder Ejecutivo sobre el Judicial. Los principales embates, aunque no los únicos, fueron sobre el Consejo de la Magistratura y la Procuración General de la Nación. No hubo un ganador claro: ambas partes se repartieron victorias y derrotas.

En 2006 se reformó el Consejo de la Magistratura. Se redujo el número de miembros, con el fin de aprovechar la mayoría política del partido de gobierno para controlar las designaciones. En 2013 se sancionaron las "leyes de democratización de la justicia" que estipulaban, entre otros elementos, las limitaciones a las cautelares y las mayorías reducidas para elegir y remover jueces, la elección popular de los integrantes del CM. Hacia mediados de ese año, la Corte Suprema resolvió, en fallo dividido, dictaminar la inconstitucionalidad de esa reforma.

Los ataques sobre la Procuración tuvieron más éxito. En 2012, el procurador general Esteban Righi fue denunciado por el vicepresidente de la Nación, Amado Boudou, que estaba siendo investigado por fiscales federales, que dependen del procurador, en el contexto del escándalo que involucraba a la empresa Ciccone, posteriormente nacionalizada. Luego de la denuncia, Righi renunció y los fiscales fueron apartados de la investigación. En su lugar fue nombrada como procuradora Alejandra Gils Carbó, perteneciente a la agrupación "Justicia Legítima", alineada con los intereses del gobierno. También se inició un jury de enjuiciamiento al fiscal José María Campagnoli, que se encontraba investigando a Lázaro Báez, un empresario patagónico con fuertes vínculos con los Kirchner.

Los últimos embates fueron la aprobación del nuevo Código Procesal Penal, una presión inusitada sobre miembros de la Corte Suprema y la Ley de Subrogancias. Jueces del tribunal más importante de la Argentina, como Ricardo Lorenzetti y Carlos Fayt, recibieron acusaciones y presiones con el objetivo de que renunciasen durante 2015. La Ley de Subrogancias, finalmente declarada inconstitucional por la CSJN a comienzos de noviembre de ese año, intentó fijar un procedimiento para cubrir vacancias de jueces con abogados o secretarios de juzgados en su lugar, sin que debieran pasar por los mecanismos establecidos por la Constitución para el nombramiento de jueces. Dado que ninguna de las dos iniciativas habría de tener éxito, el gobierno impulsó un cambio en la forma de llevar adelante la investigación en los juicios, aprobada como parte del nuevo Código Procesal Penal.

Como muchas otras iniciativas impulsadas en épocas recientes, el problema con dicha reforma es la percepción de que detrás de algunos cambios que parecerían adecuados se esconden otros con consecuencias negativas en términos de la independencia de la justicia y la transparencia de los actos de gobierno. El nuevo Código instaura un sistema acusatorio de investigación

y reemplaza el sistema anterior, moderadamente inquisitorio. ¿Cuál es la diferencia? ¿Qué rol cumplen los jueces
y los fiscales en el proceso penal luego de la reforma?
Según la página web del ministerio público fiscal: "Los
y las fiscales, en los procesos penales, son quienes llevan adelante la investigación de los delitos. Esa dinámica
(fiscal que investiga y juez que decide) se corresponde
con un sistema llamado 'acusatorio', donde es el fiscal
quien debe realizar la acusación durante todo el proceso.
Esto garantiza un juez imparcial que, a la hora de tomar
decisiones, simplemente deberá valorar aquello que le
presentan las partes. Sin embargo, en nuestro ordena-
miento jurídico, ese sistema se ve limitado. A los fiscales
les corresponde la iniciativa en la investigación en determinados casos; por ejemplo, cuando no hay un autor del
delito identificado o cuando el juez le 'delega' la causa
para que la investigue".

Es decir, luego de la reforma del Código Procesal
Penal, todas las facultades de investigación e instruc-
ción recaen sobre los fiscales, cuerpo que intentó ser
colonizado por partidarios del gobierno de CFK. Por
eso, un sector de la prensa crítica calificó a la reforma
como el "blindaje judicial" del gobierno.

El cuarto poder

La deficiencia del control judicial y las carencias en
los organismos de control como la AGN para poner freno
a la corrupción dieron gran protagonismo a mecanismos

informales de control al poder: las ONG, los *think tanks* y la prensa. El fenómeno de estas organizaciones no es exclusivo de la Argentina, sino global, y se produce especialmente en países emergentes, donde los mecanismos formales de control sufren de variadas deficiencias.

Quizá los agentes que mayor control ejerzan sobre los gobiernos, en particular con la aceleración de la globalización y el desarrollo tecnológico en todo el mundo, sean los medios de comunicación. Es común escuchar a funcionarios políticos que se quejan de las presiones creadas por medios críticos que establecen la agenda pública y la discusión de temas específicos para "fomentar el descontento social" o influir en el accionar del gobierno. Así se creó la noción del "efecto CNN", mediante el cual, se arguye, la cobertura independiente de noticias presiona a los gobiernos a tomar determinados cursos de acción en detrimento de otros o hablar sobre hechos que preferirían aplacar. Este razonamiento sostiene que la transmisión estratégica de noticias forma las preocupaciones de la opinión pública y los ciudadanos las traducen en demandas al Estado.[14]

En este marco, la investigación periodística demostró en diversas ocasiones ser una especie de agente policial capaz de controlar los abusos del poder político y obligarlo a rendir cuentas ante la sociedad. Como

---

14. Los medios periodísticos también demostraron ser políticamente útiles para actores gubernamentales y no gubernamentales, que los utilizan con la intención de proyectar poder. Un ejemplo: la expansión de los medios afines al gobierno de Cristina Kirchner en los años recientes.

el mundialmente conocido caso Watergate, escándalo que provocó la renuncia del presidente norteamericano Richard Nixon luego de que se descubriera, a partir de una investigación llevada a cabo por dos periodistas del *Washington Post*, que el primer mandatario había aprobado, antes de su reelección en 1972, una misión de espionaje de escuchas ilegales contra dirigentes del Partido Demócrata. Otro ejemplo lo ofrece el Brasil en 2005, cuando a través de una entrevista a un diputado del Partido Laborista Brasileño, publicada por el diario *Folha*, se desató un escándalo ya que se dio a conocer que el partido gobernante de Lula da Silva pagaba mensualidades a las bancadas aliadas en el Congreso para que votaran con la orientación del gobierno ("*mensalão*").

En nuestra historia hubo un caso paradigmático que expuso la importancia de la labor periodística para desenredar tramas que buscaban acallarse desde el poder: *Operación Masacre*, de Rodolfo Walsh, fue una ficción periodística basada en testimonios reales que, tras más de una década de investigación, reconstruyó los fusilamientos de supuestos conspiradores contra la Revolución Libertadora que había depuesto a Perón en el golpe de Estado de 1955, ocurridos en la localidad bonaerense de José León Suárez en 1956. Si bien el hecho quedó finalmente impune, la investigación cumplió su cometido histórico, ya que pulverizó la versión oficial de los hechos. La investigación de la revista *Noticias* sobre los negocios del empresario Alfredo Yabrán en los noventa y las investigaciones recientes del periodista Jorge Lanata en su programa televisivo *Periodismo Para Todos* sobre la "Ruta del dinero K" son otros ejemplos clave. La de Lanata terminó en el procesamiento y llamada a indagatoria de empresarios ligados a la familia Kirchner por presunto lavado de dinero, asociación ilícita y encubrimiento. En este caso, el periodismo inició un proceso que luego tomó la justicia para investigar crímenes perpetrados por actores muy allegados al Poder Ejecutivo.

Sin ser órganos de control formales, los medios actuaron en estos casos como un mecanismo de vigilancia, denuncia y freno. Pero si bien ayudan a dar a conocer los casos de corrupción y a generar conciencia de sus consecuencias, no son capaces por sí solos de establecer castigos formales para los involucrados. Existen así muchos casos en décadas recientes de denuncias que quedaron impunes porque la justicia no actuó como debía.

Las consecuencias: la corrupción

La Argentina es uno de los países del mundo en que la corrupción, en distintas escalas y manifestaciones, está más establecida. El uso discrecional de fondos públicos para, por ejemplo, la contratación de empleados y para la distribución de obra pública, la relación clientelar o instrumental con una gran parte del electorado y la ausencia de un sistema de controles efectivos son algunas de las características que llevaron a este lamentable estado de cosas.

Varios organismos internacionales se abocan a medir la corrupción en el mundo. Artículos académicos y periodísticos cubren constantemente el tema, ahondando en sus causas y consecuencias. El renacimiento democrático de América latina hacia fines del siglo xx fue lo que impulsó mayor interés por el fenómeno en la región, sobre todo por componerse de sistemas políticos endebles y vulnerables a sus prácticas más comunes, como fraude, tráfico de influencias, coimas.

El Índice de Percepción de la Corrupción (IPC) de Transparency International, que mide anualmente el nivel de corrupción percibida en el sector público de 175 países, ubicó a la Argentina en el puesto número 107 en 2014, con tan solo 34% de transparencia (Figura 7). A su vez, el informe 2015 del World Economic Forum estableció que la corrupción es uno de los factores más problemáticos para hacer negocios en el país (detrás de la inflación, el cepo cambiario y el acceso al financiamiento).

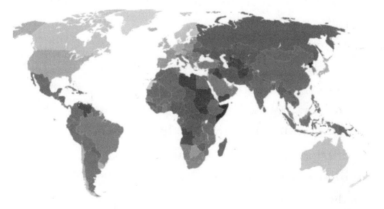

Figura 7. La Argentina está catalogada entre los países más corruptos del mundo. Cuanto más intenso es el gris, mayor es la percepción de corrupción. *Fuente:* Corruption Perception Index (CPI), Transparency International, 2014.

En términos regionales, Argentina obtuvo en el IPC un puntaje parecido a los de Bolivia (35%), el Perú (38%), Ecuador (33%) y Colombia (37%); superior a los de Paraguay (24%) y Venezuela (19%) e inferior a los del Brasil (43%), Chile (73%) y Uruguay (73%). Globalmente, la fama corrupta del servicio civil argentino adquiere rangos similares a los de naciones de África, Oriente Medio y Asia y se ubica por debajo del promedio continental (45%).

La corrupción es, en palabras de Sautu, "un fenómeno multidimensional cuyo eje lo define el abuso del poder económico, político y administrativo para favorecer intereses personales o grupales a expensas de individuos, grupos específicos o la sociedad como un todo". Está lejos de ser un tema exclusivamente característico de la cultura sociopolítica argentina, aunque nuestro país presenta un panorama preocupante, como lo confirma el mencionado informe de Transparency International.

Se manifiesta de dos maneras. La primera, ligada a la burocracia pública y a la política que implica, entre otras cosas, la manipulación de decisiones de funcionarios del Estado mediante el pago de coimas y favores políticos, algo muy común en lugares como la aduana, las oficinas impositivas, la administración pública de salud, la policía, la administración municipal, las actividades diarias del aparato judicial, y otras oficinas del Ejecutivo y de órganos legislativos. La segunda, que Sautu llama la "gran corrupción", alude a negocios privados que disfrutan beneficios impositivos, crediticios y permisos para operar por encima de las reglas vigentes e involucran a funcionarios del poder. Son acuerdos entre el poder político y el económico que se llevan a cabo acomodando las normas para darles legalidad a las prácticas e impunidad a los actores involucrados.

Algunas de las principales prácticas son la adjudicación de obras de infraestructura a constructoras amigas del poder y para obras y localidades elegidas con criterios políticos y no técnicos, la apropiación de rentas, el otorgamiento de regímenes monopólicos, las concesiones de tierras, puertos o ferrocarriles mediante contratos especiales, el otorgamiento de subsidios, la participación política en las ganancias mediante testaferros y el lavado de dinero.

En un marco en que las fuerzas gobernantes tienen el control sobre los fiscales que investigan las causas comprometedoras y mayorías en el Congreso que bloquean las denuncias legislativas de la oposición, los niveles de impunidad se disparan por acumulación de recursos orientados a lograrla. Por esto, en parte, los medios de comunicación se fueron convirtiendo en los principales investigadores y denunciantes de la corrupción y suplen así, muy parcialmente, el déficit legal e institucional del sistema.

De todas formas, la gran parte de los contratos y las transacciones del poder político que derivan en arreglos corruptos o por lo menos éticamente cuestionables son técnicamente legales, diseñados así adrede por asesores expertos, y tienen una alta probabilidad de no sufrir consecuencias jurídicas.

En la Argentina existe una correlación significativa entre el nivel de corrupción del Estado y la construcción de obra pública. El reparto discrecional de licitaciones sucede en especial en momentos electorales, con la intención política de comprar el apoyo de gobernadores, intendentes y legisladores. Esta práctica fue utilizada por diversos gobiernos y partidos políticos.

En cuanto a las obras públicas, en la Argentina sucede además que el gobierno maneja el presupuesto con enorme discreción. No suele respetar demasiado el "detalle" de que los proyectos deben ser previamente aprobados por el Congreso, con lo cual muchos de los planes se repiten año a año, con desembolsos elevados, sin que se ejecuten. Esto contrasta con lo que ocurre en Chile, por ejemplo, donde existe el programa de Evaluación Social de Proyectos (ESP) en el marco del Sistema Nacional de Inversión Pública. Este órgano se ocupa de evaluar la relación costo-beneficio de las inversiones estatales, revisa la eficiencia de los proyectos y hace un seguimiento de la implementación y el rendimiento. No solo existe el organismo de control que monitorea el cumplimiento de las promesas y gastos gubernamentales, sino que se construye a partir de los resultados para contribuir al mejoramiento de estas capacidades, algo inexistente en nuestro país.

Las consecuencias: mala calidad de políticas públicas

La calidad de las políticas públicas en la Argentina es muy mala. El Banco Mundial anunció un panorama desalentador en 2014, cuando publicó el desempeño argentino en los índices mundiales de gobernabilidad. El rendimiento en control de corrupción, estabilidad política y ausencia de violencia, efectividad gubernamental e imperio de la ley es pobre; mientras que en calidad regulatoria es muy débil y solo mediocre en voz y rendición de cuentas. En términos regionales, fue peor que el de Chile, el Brasil y el Perú en casi todas las categorías, pero mejor que el de Venezuela, el país con mayores problemas de gobernabilidad en toda la región, y uno de los peores del mundo.

¿Qué implica que las políticas públicas sean de mala calidad? Hace varios años, convocados por el BID, Spiller y Tommasi se dedicaron a estudiar este tema en detalle para toda América latina. A diferencia del análisis típico de los contenidos de las políticas públicas (si son pro mercado o estatistas, por ejemplo), estos investigadores argumentaron que son más importantes sus características: estabilidad en el tiempo, adaptabilidad ante shocks, efectividad de su implementación y eficiencia, entre otras.

Las políticas públicas argentinas están entre las más inestables del mundo, como mostramos en el capítulo 2. Muchas experimentaron idas y vueltas, movimientos pendulares extremos que sorprenden por haberse revertido una tendencia que parecía estable en apenas pocos años. Los ejemplos son múltiples; vale la pena mencionar algunas del área económica a modo de ilustración:

En 1993 se estableció un sistema de ahorro previsional llamado de "contribución definida" (o capitalización individual), administrado por entidades privadas (AFJP), en reemplazo de un sistema de "beneficio definido" (o de reparto), administrado por el gobierno, que estaba virtualmente quebrado. En este movimiento, el país siguió una tendencia iniciada en la región por Chile en los ochenta y emulada por el Perú, Colombia, México y Uruguay años más tarde. De todos estos países, la Argentina fue el único que volvió sus pasos hacia atrás, nacionalizando las AFJP en 2008. Se esgrimieron muchos argumentos para justificar esto, pero lo cierto es que pareció un intento del gobierno para apropiarse de los flujos que iban a las AFJP (1,3% del PIB por año) y de los stocks administrados por estas. El gobierno también aprovechó que las AFJP tenían directores en varias empresas con cotización pública: los reemplazó y los utilizó para presionar al sector privado. Esta política tuvo un daño significativo para el desarrollo del mercado de capitales que podría ser aún mayor, desalentando a las empresas del sector privado a financiarse emitiendo acciones en la bolsa local, mecanismo habitual en otros países del mundo.

En los noventa, se emprendió uno de los programas más ambiciosos de privatización de servicios públicos del mundo, acompañado de un importante cambio regulatorio. El plan incluyó las telecomunicaciones, la energía eléctrica, el agua y el gas, las rutas, los trenes, la aerolínea de bandera, el correo, los aeropuertos y varios bancos provinciales, entre otros organismos. Hoy, la gran mayoría de estas empresas fueron estatizadas nuevamente o se hallan técnicamente quebradas, dados los cambios regulatorios y el congelamiento de tarifas desde 2002.

Muchas otras políticas que sufrieron idas y vueltas importantes no cobraron tanta notoriedad, pero tuvieron efectos muy perjudiciales: programas antipobreza, integración comercial internacional, educación, incentivos impositivos para distintos sectores (como el campo).

Es difícil exagerar el impacto negativo de la inestabilidad de las políticas públicas sobre su eficacia y su calidad en general. Cuando son inestables, no son lo suficientemente creíbles y esa falta de credibilidad genera respuestas inadecuadas de los agentes privados que deben lidiar con ellas. Supongamos, retomando una situación hipotética que ya planteamos, que el nuevo gobierno que comenzó en diciembre de 2015 quiera restituir un mecanismo regulatorio eficiente para el sector eléctrico. ¿Quién se atreverá a invertir en, por ejemplo, una planta de generación eléctrica, que implica una colocación irreversible y a largo plazo de grandes cantidades de dinero?

Los gobiernos intentan en ocasiones "comprar" esa credibilidad mediante la adopción de reglas muy rígidas o compromisos que terminan siendo muy costosos. Un ejemplo es la Ley de Convertibilidad. Es muy fácil criticarla en retrospectiva. En su momento, sin embargo, fue quizá la única salida ante la falta de credibilidad de la moneda local, ya que se habían experimentado varias hiperinflaciones y se venía de décadas con tasas de inflación mucho más altas que las de otros países. El problema fue que la Convertibilidad contenía en su diseño una rigidez que impidió responder con agilidad a la devaluación del Brasil y a la caída de los precios de los *commodities*. ¿Cómo solucionan otros países el problema simultáneo de generar bajas tasas de inflación y lograr flexibilidad para responder a shocks? Crean bancos centrales independientes, con directorios compuestos por personas con formación de excelencia e impecable reputación, ajenas al poder político-partidario, y con el mandato de mantener la inflación dentro de un determinado rango. En la Argentina no fue posible y el abandono de la Convertibilidad significó el regreso de una inflación alta, que es el peor impuesto que se puede cobrar a los pobres y otros sectores de ingresos fijos.

Otro ejemplo son los tratados de protección a la inversión (TPI) firmados con otros países para dar "garantías" a los inversores internacionales de que su dinero estaría protegido en la Argentina. Los TPI nos están costando importantes sumas a medida que el país pierde en tribunales arbitrales internacionales, como el CIADI, juicios iniciados luego de la estatización de empresas o del congelamiento de tarifas.

La implementación de las políticas públicas es muy inefectiva en varias dimensiones adicionales. Existen

151

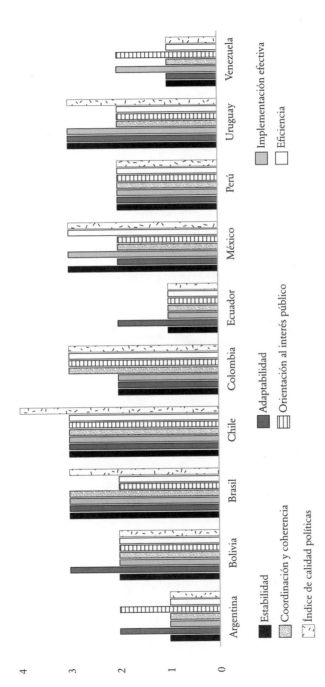

Gráfico 7. La calidad de las políticas públicas es mala en varias dimensiones.
Fuente: Stein, Tommasi, Echebarría, Lora y Payne (2006).

muchas reglas que no se cumplen y falta coordinación en la implementación de muchas de ellas, en particular cuando están involucrados distintos ministerios o diferentes niveles de gobierno (Nación, provincias, municipios).

Los investigadores asociados al BID crearon índices para comparar la calidad de las políticas públicas latinoamericanas en distintas dimensiones. El resultado se muestra en el Gráfico 7: un 1 implica calidad de política "baja"; un 2, "media"; un 3, "alta" y un 4, "muy alta". La última barra es el Índice de Políticas Públicas, indicador agregado de los otros índices. La calidad de la Argentina es baja en casi todas las dimensiones analizadas. El país está al mismo nivel que Ecuador y Venezuela y muy lejos de Uruguay o Chile.

Interacción con el sistema político

Este estado de situación del sector público y de los organismos de control tiene un impacto negativo en la calidad de nuestra democracia y, como consecuencia, en la de sus políticas públicas.

La utilización del Estado para fines políticos, incluidos el patronazgo (contratación de empleados) y el clientelismo (uso de los planes sociales) inclina la cancha electoral a favor de los oficialismos y disminuye el *accountability* de los políticos, en especial entre quienes más podrían beneficiarse de políticas públicas efectivas: los más necesitados. Al convertir la relación entre un grupo de votantes y candidatos en instrumental, bajan las exigencias de los ciudadanos sobre los gobernantes, ocupados en alimentar las redes clientelares en lugar de gobernar. El resultado de este círculo vicioso es un sector público demasiado grande y costoso y altamente ineficiente.

Las reformas en el funcionamiento del sector público, para limitar el patronazgo y romper la relación clientelar en los programas sociales, son una de las tres patas fundamentales para generar instituciones estables, perdurables en el tiempo y que aseguren los beneficios de la libertad. Luego de los eventos en la provincia de Tucumán en la elección de 2015 surgió una fuerte corriente de opinión que pedía cambios en el sistema electoral; más concretamente, la introducción de la boleta única, propuesta con la que estamos de acuerdo. Sin embargo, Venezuela cuenta con un sistema de votación electrónica relativamente eficiente desde hace varios años que no impidió la manipulación de las elecciones por parte del gobierno chavista, que aplicó el patronazgo, el clientelismo y otras malas prácticas de forma mucho más extendida que en la Argentina. Incluso han surgido voces muy críticas en el Brasil, donde también se utiliza hace tiempo mecanismos de votación mucho más rápidos y tecnificados. Estos ejemplos muestran la importancia de efectuar reformas simultáneas al sistema electoral, a los sistemas de control y funcionamiento del Estado y al régimen de coparticipación federal, como mencionamos en la Introducción (Figura 1).

4
Federalismo fiscal

La *cuestión federal* atraviesa la historia argentina desde su creación. Las guerras civiles posteriores a la independencia tuvieron su origen en la disputa por las rentas del puerto y en la organización política de la república; más concretamente, en el rol que tendrían las provincias. La Constitución de 1853 y la posterior incorporación de la provincia de Buenos Aires a la Confederación trajeron más estabilidad, pero siempre hubo disputas por los recursos y el equilibrio en la actualidad sigue siendo insatisfactorio.

En este capítulo mostraremos cómo el principal problema del sistema federal argentino actual es resultado del desbalance fiscal entre la recaudación y el gasto público en los distintos niveles de gobierno y de la discrecionalidad del gobierno nacional en los últimos años en el manejo de los recursos fiscales. Las provincias gastan más de lo que recaudan y este desbalance fiscal "vertical" genera incentivos políticos y económicos con consecuencias muy dañinas para el país.

El aumento de recursos discrecionales en manos del gobierno nacional a partir de la crisis de 2001-2002, sumado a otros cambios institucionales, agravó el problema y dejó a las provincias a merced del poder central.

Esta disparidad de fuerzas entre los gobernadores y el gobierno nacional no siempre existió; al menos, no de forma tan exacerbada como ahora. En la década de 1990 el poder entre ambos era mucho más balanceado, consecuencia de que el gobierno nacional disponía de una menor cantidad de recursos discrecionales. De hecho, durante la presidencia de Fernando de la Rúa, los gobernadores condicionaron la política fiscal nacional: aumentaron el gasto público provincial y establecieron un piso a la coparticipación que, en el contexto de la deflación y la contracción de la economía (y, por lo tanto, de la caída de la recaudación impositiva en términos nominales) resultó letal para el gobierno.[15]

Luego de esa crisis, tal relación de fuerzas se invirtió, especialmente con la creación de impuestos no coparticipados, como el impuesto al cheque, las retenciones y la vuelta del financiamiento inflacionario al gobierno nacional.

Duhalde y Lavagna consiguieron que los gobernadores aceptaran algunas de las exigencias que el FMI planteó al país a cambio de su tolerancia al default: la reforma de la Ley de Quiebras y la derogación de la Ley

---

15. Menem había concedido a los gobernadores la extensión del piso mínimo de transferencias automáticas a las provincias establecido en 1993 y, tiempo después, su ampliación. En 1999, el gobierno nacional elevó ese piso y las habilitó a seguir endeudándose, lo cual les permitió protegerse, en gran medida, del ajuste que el gobierno nacional no pudo evitar en un contexto donde el déficit público había llegado al 4,5% del PIB.

de Subversión Económica, junto a otras que interesaban al gobierno nacional, como la supresión del piso mínimo de transferencias a las provincias y el apoyo de estas a los esfuerzos tributarios. Las provincias quedaron endeudadas con el gobierno nacional y sujetas a negociaciones permanentes. A los esfuerzos por recuperar el estado de las cuentas públicas, en el contexto desatado a partir de 2001, se sumaron la reimplantación de las retenciones a las exportaciones y el impuesto a las transacciones financieras. A su vez, el Congreso cedió potestades legislativas al Poder Ejecutivo. Da lo mismo si los gobernadores cuentan con poco o con demasiado poder frente al gobierno nacional: la relación fiscal provincias-nación resultó perjudicial para el país, desde el punto de vista económico o político, en distintos momentos de nuestra historia.

Distribución de competencias y recursos fiscales

En todo país surgen tensiones acerca de la distribución de competencias de gobierno y de las potestades tributarias entre sus distintos niveles, así como sobre la distribución territorial del poder. Algunos países, como Chile, funcionan en base a un esquema político y financiero fuertemente centralizado. En la Argentina el federalismo es intrínseco: las provincias son preexistentes a la nación. El Preámbulo de la Constitución dice que los delegados se reunieron en la convención constituyente "por voluntad y elección de las provincias que la componen, en cumplimiento de pactos preexistentes". El federalismo es en la Argentina "una tradición de hondas raíces en la cultura y la sociedad" en palabras de Juan J. Llach.

Además de la cuestión histórica y cultural que moldeó a la Argentina, la forma federal de gobierno es muy ventajosa, particularmente para un país tan extenso. La descentralización permite ajustar los servicios de gobierno a las demandas locales para, en teoría, mejorar su eficiencia, su calidad y su equidad.

Los sistemas federales son, también en teoría, un seguro contra los gobiernos totalitarios. La distribución de poder entre el gobierno central y los provinciales, cuando estos tienen un propósito no exactamente igual al del primero, se constituye en un *contrapeso institucional* adicional para evitar la hegemonía del presidente.

Existen funciones de gobierno que se deben ejecutar desde el gobierno central: la defensa nacional, las relaciones internacionales, las obras de infraestructura interjurisdiccionales (como las rutas nacionales) o la política macroeconómica (incluyendo la emisión de dinero) son algunos ejemplos. Otras son naturalmente ejecutadas a nivel provincial o incluso municipal, como la educación primaria o la seguridad (policía).

Para que el sistema federal funcione tanto desde el punto de vista económico como político es importante que exista una correspondencia o coherencia fiscal. La jurisdicción que decide el nivel de servicios públicos debe ser la misma en la que habitan quienes financien ese gasto. Esto sucede cuando los ciudadanos-electores sienten en sus

bolsillos, como contribuyentes, el costo de oportunidad del gasto del que se benefician (Figura 8).

Figura 8. Se requiere una correspondencia fiscal para que el federalismo sea efectivo. *Fuente:* Llach (2013).

La ausencia de correspondencia fiscal da lugar a un
conjunto de comportamientos que afectan negativamente el desempeño macroeconómico y político. En
la Argentina de hoy, los gobiernos provinciales gastan
mucho más de lo que recaudan. A esto se lo llama "desbalance fiscal vertical". En años recientes, los problemas
derivados de este problema se agravaron por el crecimiento de recursos fiscales sobre los cuales el gobierno
nacional puede hacer un uso discrecional.

El federalismo en la historia argentina

Si bien el federalismo ha sido siempre motivo de
controversias tanto políticas como intelectuales, no

siempre hubo desbalances fiscales verticales tan fuertes como los que se observan en la actualidad. Mirando esta cuestión con perspectiva histórica, pueden distinguirse tres períodos claros en la relación fiscal entre provincias y nación:[16]

1) 1853-1890,
2) 1890-1934, y
3) 1935 hasta la actualidad.

Es durante las últimas ocho décadas cuando se profundizan las distorsiones de estos mecanismos, con la implementación de diversos arreglos en cuanto al grado de descentralización del gasto público y de distribución de los impuestos recaudados por el gobierno nacional. Explicaremos brevemente estos tres períodos, no con el objetivo de hacer historiografía, sino para entender que el verdadero desaguisado fiscal federal actual, tan difícil de desarticular, no debe ser entendido como parte inalterable del ser nacional, sino como el resultado de una secuencia de decisiones puntuales cuyo resultado final representa un complejísimo y trabado (des)arreglo institucional.

1853-1890: *división de tareas y de recursos*

La Constitución de 1853 establecía una división clara de recursos y tareas entre nación y provincias.

16. Seguimos a Galiani et al., 2014 y Llach, 2013.

Comparada con la de los Estados Unidos, era relativamente centralista. El art. 5 pedía solamente que las constituciones provinciales asegurasen la administración de justicia, su régimen municipal y la educación primaria gratuita. Además, establecía que debían ser "revisadas por el Congreso antes de su promulgación". El art. 6 permitía la intervención federal a solo efecto de restablecer el orden público. Aunque luego, en el art. 101, aclaraba que las provincias conservarían todo el poder no delegado por la Constitución o que expresamente se hubiesen reservado por pactos preexistentes. El art. 64 enumeraba una amplia lista de atribuciones al Congreso nacional.

En cuanto a los recursos, el art. 4 especificaba que el gobierno nacional se financiaría con los derechos de exportación e importación, y dejaba implícitamente a las provincias el resto de los tributos. En esa época, tanto en la Argentina como en el resto del mundo, los recursos de la aduana eran por lejos los más importantes, dado que eran los más fáciles de cobrar y se trataba de economías muy abiertas. Los impuestos que cobraban las provincias eran sobre la venta de algunos bienes, como el tabaco y las bebidas alcohólicas.

1890-1934: federalismo competitivo

Como consecuencia de las urgencias financieras derivadas de la crisis de 1890, el Congreso definió impuestos internos que se superponían con los provinciales.

Así, la recaudación no vinculada al comercio exterior pasó de aproximadamente el 10% de los recursos totales del gobierno nacional en la década de 1870 al 40% en la década de 1920.[17] El financiamiento del gasto provincial con impuestos nacionales era limitado: cerca del 11% en 1910.

1935-hoy: *la coparticipación federal*

En 1935 se dictaron varias leyes para modernizar el sistema impositivo. Se introdujo un impuesto a las ventas en reemplazo de uno a las transacciones y se eliminó la doble imposición (por parte de las provincias y la nación). Las provincias renunciaron a algunos impuestos y comenzaron a recibir parte de lo recaudado por el gobierno central. Así nació la coparticipación federal, inicialmente con carácter "devolutivo": destinar los impuestos según lo que se recaudaba en su territorio, o en base a la población, sin un criterio redistributivo.

El sistema sufrió múltiples cambios con los años que afectaron tanto la distribución "primaria", entre la nación y las provincias, como la "secundaria", entre las provincias. En 1973, el gobierno militar saliente dictó la ley 20.221, que dictaminó modificaciones sustanciales a la coparticipación, incluyendo por primera vez un criterio distributivo (basado en la brecha de desarrollo en-

---

17. En 1927, la Corte Suprema dictaminó que las potestades de la nación y las provincias en el cobro de impuestos indirectos y otros impuestos eran concurrentes.

tre las provincias) entre los criterios establecidos para la distribución secundaria. Desde 1983 hasta 1988 el país careció de una ley que regulase la coparticipación, hasta que se dictó en 1988 una que regía la coparticipación de forma temporaria, supuestamente, durante 1988 y 1989. Esta ley, la 23.548, sigue vigente. Sin embargo, la distribución de recursos entre nación y provincias sufrió alteraciones parciales, como la asignación del 15% de la masa coparticipable para financiar la transición del régimen jubilatorio cuando se crearon las AFJP en 1993. La distribución de impuestos nacionales se convirtió así en un verdadero laberinto, como muestra la Figura 9; no hay que intentar *comprenderla*, la incluimos para que entienda que es un laberinto de enorme complejidad.

La reforma constitucional de 1994 ordenó el establecimiento de un nuevo régimen de coparticipación federal para fines de 1996, así como la creación de un "organismo federal fiscal". Sin embargo, la nueva Constitución determinó que esta nueva ley debía ser una "ley convenio", aprobada por todas las provincias luego de haber logrado la mayoría absoluta de la totalidad de los miembros en cada cámara del Congreso (art. 75, inciso 2 y disposición transitoria sexta). En la práctica, este requerimiento hizo imposible su dictado.

El grado de descentralización del gasto público, el porcentaje del gasto ejecutado por las provincias, también varió sustancialmente a lo largo del tiempo, como muestra la Tabla 6. En 1991 se aprobó una monumental transferencia de servicios a las provincias, incluyendo

164

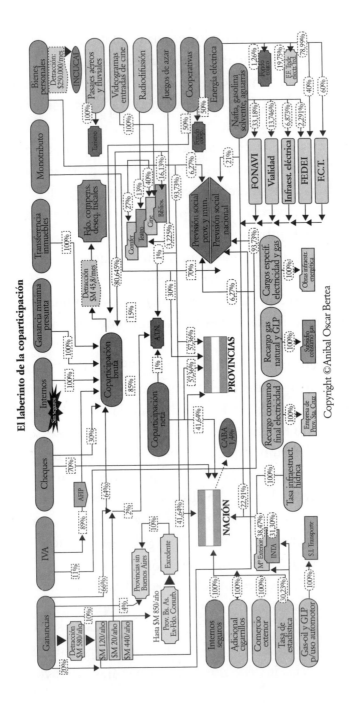

Figura 9. La distribución de impuestos es un verdadero laberinto. *Fuente:* Oscar Bertea.

las instituciones educativas terciarias y secundarias, los sistemas de salud y otros programas sociales.

Período	Coparticipación a las provincias (1)	Período	Descentralización del gasto público (1)
1935-47	17,5	1940	32,0
1947-58	21,0-23,9	1945-47	22,0
1959-66	42,0	1959-65	28,0
1966-73	38,1	1966-70	32,5
1973-79	48,5	1980	34,5
1980-84	30,9-41,1	1981-90	32,5
1985-88	33,4-42,4	1989	16,0
1988-93	56,7	1991-2000	47,0
1993-	24,5-46,0		

Tabla 6. Los niveles de coparticipación de impuestos y de descentralización del gasto tuvieron muchos vaivenes. (1) Valores aproximados. *Fuente:* Llach (2013) y Porto (2013).

El sistema fiscal federal actual

El sistema federal implica hoy una importante, y a veces caótica, superposición de potestades de recaudación y de gasto, con una recaudación muy inferior al gasto ejecutado en las provincias (desbalance fiscal vertical) y, más recientemente, con crecientes recursos no coparticipables en manos del gobierno nacional.

Existe una fuerte superposición de jurisdicciones en la ejecución del gasto público en la Argentina, como se puede ver en la Tabla 7. En 2007, por ejemplo, el gobierno nacional ejecutaba aproximadamente el 50% del gasto en defensa, justicia y salud, quedando el otro 50% a cargo de provincias y municipios (Gráfico 8).

Funciones	Niveles de gobierno con potestades funcionales		
	Nacional	Provincial	Municipal
Defensa	×		
Relaciones exteriores	×		
Regulación del comercio exterior, correo, telecomunicaciones y servicios públicos	×		
Justicia	×	×	
Rutas interurbanas	×	×	
Educación básica	×	×	×
Educación polimodal	×	×	×
Educación superior no universitaria (técnica y formación docente)	×	×	×
Educación superior universitaria	×		
Previsión social	×	×	×
Salud	×	×	×
Infraestructura regional y desarrollo económico	×	×	
Vivienda	×	×	
Protección social	×	×	×
Saneamiento		×	×
Defensa civil		×	×
Vialidad urbana			×
Aseo urbano			×
Alumbrado público			×
Drenajes			×
Areas verdes			×
Ordenamiento urbano			×

Tabla 7. Superposición de potestades. *Fuente:* Cetrangolo (2008).

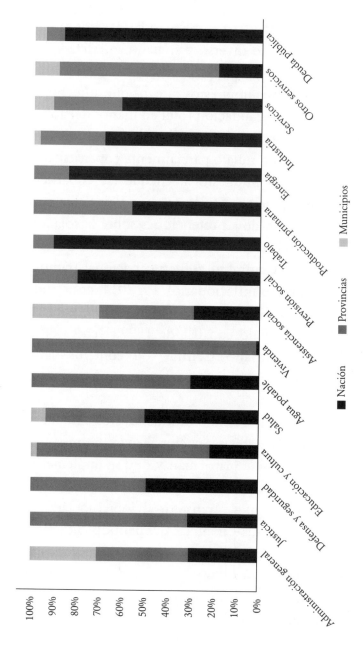

Gráfico 8. Superposición de potestades entre distintos niveles de gobierno. *Fuente:* Leiras (2013).

Así como la tendencia fue hacia una mayor descentralización del gasto público, los recursos fiscales siguieron el camino inverso y se han centralizado con el paso del tiempo. A partir de la crisis de 2001-2002 se introdujeron varios impuestos nuevos que aumentaron el porcentaje de recaudación total en manos del gobierno nacional y la discrecionalidad en su uso por parte de este, ya que son nula o parcialmente coparticipados. Nos referimos al impuesto al cheque (se coparticipa el 30%), las retenciones (solo se coparticipa una parte de la recaudación de las retenciones sobre la soja a las provincias productoras) y, más reciente, las transferencias del Banco Central al gobierno nacional (también llamado impuesto inflacionario). En 2014, entre todos representaron el 23,5% de los ingresos del gobierno nacional, comparado con 0% de 1999. Dentro de las transferencias del Banco Central, solo contamos las de utilidades, excluyendo el financiamiento en pesos y en dólares.

El Banco Central emitió cantidades crecientes de pesos para ayudar al gobierno nacional en los últimos años, recursos que no se coparticipan y que se implementan de dos maneras distintas. La primera es consecuencia de que el BCRA puede transferir al gobierno cada año un porcentaje de sus ganancias del período anterior, lo que el gobierno registra como ingresos. Estas ganancias son consideradas "ficticias" o "de papel", ya que surgen mayoritariamente de la diferencia de valuar en pesos los activos en dólares del BCRA al tipo de cambio de fin de un año con respecto a la valuación al tipo de cambio del año anterior. Si existen US$10.000 millones en activos y el tipo de cambio se va de 1 peso por dólar a 3 pesos por dólar en un año, el BCRA registra una ganancia de 20.000 millones de pesos en el período y los puede transferir al gobierno. Entre los activos del BCRA se cuentan las Letras Intransferibles, que el gobierno le da al banco cuando usa sus reservas para pagar deuda pública. Sumaban US$9,6 miles de millones a fines de 2009 y subieron a US$64,5 miles de millones al 10 de diciembre de 2015. Son ganancias ficticias porque nadie considera que sean realmente un activo, en el sentido que es difícil pensar que alguna vez el gobierno va a repagar esta "deuda". La otra ayuda del BCRA al gobierno es a través de los "Adelantos Transitorios", que de transitorios no tienen nada. Son préstamos en pesos a tasa cero y pueden llegar al 12% de la base monetaria más el 20% de la recaudación del gobierno nacional; este límite fue aumentado del 10% al 20% en 2012. A fin de 2009 el stock de Adelantos Transitorios era de $36,6 miles de millones, o unos US$9,6 miles de millones, pero subieron a $282,4 miles de millones, o US$30,4 miles de millones a fines de agosto de 2015.

Como consecuencia de estos caminos dispares de recaudación (mayor centralización) y del gasto (mayor descentralización), en los últimos años creció en la Argentina el desbalance fiscal vertical. El Gráfico 9 muestra que este desbalance llegaba en 2012 al 21%. Según Juan José Llach, es, por lejos, el más alto del mundo. En otros países federales de la región, como el Brasil y México, era de 1,6% y 8,5%, respectivamente. Es decir, en el Brasil los estados gastan aproximadamente lo mismo que recaudan, mientras que en México los estados ejecutan un 8,5% más del gasto total del país de lo que recaudan como porcentaje del total de recaudación del país.

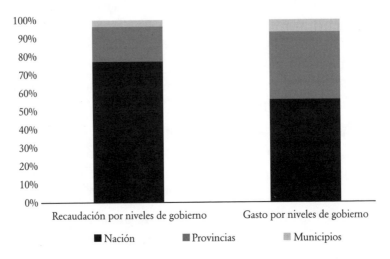

Gráfico 9. Importante desbalance fiscal vertical en la Argentina. *Fuente:* Llach (2013).

La dependencia del gobierno nacional que genera este desbalance en las distintas provincias es muy desparejo, como muestra el Gráfico 5. Más del 75% de los ingresos de las del norte dependen de recursos del gobierno nacional, mientras que para la ciudad de Buenos Aires representan solo el 12%.

Esta dependencia aumentó desde la crisis de 2001-2002 debido al incremento en los recursos discrecionales con los que cuenta el gobierno nacional. Según cálculos de Llach, las transferencias discrecionales del gobierno nacional a las provincias eran en 2001 un

7,5% de las totales (incluyendo las discrecionales y las "automáticas", estas últimas calculadas en función al arreglo kafkiano que exponemos en la Figura 9), cifra que aumentó a un rango del 22,5%-28% en 2010-2012.

Existen al menos dos mecanismos adicionales por los cuales se acrecentó la discrecionalidad del gobierno nacional en los últimos años:

1) Debilitamiento del presupuesto nacional. La ley 26.124 sancionada en 2006, comúnmente llamada "de superpoderes" otorgó al jefe de Gabinete la capacidad de disponer las reestructuraciones presupuestarias "que considere necesarias". Esta cesión legislativa es contraria al espíritu de la Constitución, cuyo art. 29 expresa que el Congreso no puede conceder al Poder Ejecutivo facultades extraordinarias, y en su art. 99 dice que el Poder Ejecutivo no podrá en ningún caso emitir disposiciones de carácter legislativo, limitando el uso de los decretos de necesidad y urgencia a circunstancias especiales.[18]

    La combinación de esta norma con una grosera subestimación de los recursos tributarios hecha por los gobiernos desde 2003 a la

18. La otra ley que viola el espíritu y la letra de la Constitución es la Ley de Emergencia Económica, número 23.697, que se siguió renovando anualmente, incluso cuando la economía crecía a "tasas chinas".

hora de presentar el proyecto de presupuesto, convirtió a la "ley de leyes" en un escrito abstracto, carente de uso y sentido. El artilugio para subestimar los ingresos fue el uso de proyecciones de inflación totalmente inferiores a las reales. Los impuestos son un porcentaje de la actividad económica medida en pesos. Entonces, al subestimar la inflación, se subestima el nivel de actividad económica en pesos y, por lo tanto, el nivel de impuestos que entra en el presupuesto.

2) Deudas de las provincias con el gobierno nacional. El gobierno nacional se convirtió en el principal acreedor de las provincias luego de la crisis de 2001-2002, cuando absorbió las cuasimonedas emitidas por estas en los meses previos a la devaluación del peso y al default soberano. El gobierno nacional refinanció las deudas de 15 provincias varias veces, en términos ventajosos para estas últimas (tasas de interés reales negativas). Los términos se renegocian por períodos cortos y así se las mantiene en situación de dependencia.

¿Qué uso se da a esta discrecionalidad?

Existen sobradas muestras de que los gobiernos nacionales hicieron un uso político de los recursos fiscales, que dista de ser nuevo pero que se incrementó en los últimos años, gracias a la mencionada creciente discrecionalidad del gobierno nacional. El hecho de que los recursos se distribuyan de forma política implica que se dejan de lado criterios como la eficiencia y la equidad.

Un área donde existen signos claros de distribución del gasto nacional en función de criterios políticos y no económicos es la *obra pública*. Hace años, los medios periodísticos muestran cómo se volvió llamativamente elevada en La Rioja durante la presidencia de Carlos Menem o en Santa Cruz con los Kirchner en el poder.

Lucas González e Ignacio Mamone analizaron exhaustivamente el destino de la obra pública entre 1993 y 2009 y mostraron que estas presunciones son ciertas. En particular, encontraron que:

1) Las provincias manejadas por la oposición reciben muchos menos recursos para obras públicas que las controladas por la coalición de gobierno. Para la construcción de rutas, por ejemplo, obtienen el 17% de lo percibido por las oficialistas.

2) La distribución de los recursos para obra pública no sigue criterios de eficiencia ni equidad. Las provincias con menor ingreso per cápita no son las que más obra pública reciben. Tampoco las que tienen mayor cantidad de vehículos.

3) Las provincias "electoralmente seguras", en las que el oficialismo tiene pocas probabilida-

des de perder, reciben más que las "pivotales". Cuanto más poderoso es el gobernador y más posibilidades de permanencia tiene, más dinero recibe.

Otra área en la que se visualiza un creciente uso político de los recursos nacionales es en el incremento de las *transferencias directas del gobierno nacional a los municipios*. Estas parecen un "punteo" del poder central a los gobernadores, ya que se supone, por la Constitución, que los municipios dependen de las provincias, no del gobierno nacional. Las transferencias aumentaron con fuerza luego de 2009, cuando comenzaron a representar más del 9% del gasto total de los municipios según datos compilados por Llach. En 2003 no llegaban al 1%.

Recordemos una vez más que, tras los resultados adversos de las elecciones legislativas de 2009, el gobierno implementó dos importantes programas sociales: la asignación universal por hijo (AUH) y el de inversión social con trabajo "Argentina trabaja" (PRIST). En el conurbano bonaerense, el corte de boleta afectó negativamente a Néstor Kirchner, candidato a diputado, en comparación con los postulantes a concejales. Como vimos en el capítulo 3, el PRIST beneficia a intendentes aliados (o a cooperativas controladas por movimientos piqueteros en caso de que el intendente sea díscolo) y deja de lado a las intendencias controladas por la oposición. Una verdadera herramienta de control político.

Relación entre el régimen fiscal y el sistema electoral

Existe una estrecha relación entre los problemas del régimen de coparticipación federal (principalmente el desbalance fiscal vertical), el sistema político-electoral, el patronazgo y el clientelismo y la poca calidad y los permanentes vaivenes de las políticas públicas de la Argentina.

Según el trabajo de Ardanaz, Leiras y Tomassi, la relación se resume de la siguiente manera.

Los gobernadores tienen un gran poder electoral basado en varios factores, entre los que se destacan que los distritos electorales son las provincias, que las listas de candidatos son cerradas, que pueden desdoblar y controlar las elecciones y que manejan una cantidad desproporcionada de recursos.

Los gobernadores controlan férreamente sus provincias, hecho que vemos reflejado en las altísimas tasas de reelección. El patronazgo y el clientelismo están extendidos y en muchas provincias, que suelen ser las de peor calidad democrática, el gobierno es la principal fuente de empleo y recursos en la economía. Así, la relación entre el gobernador y los votantes es clientelar y no programática.

Existe un fuerte desbalance fiscal vertical, más importante en las provincias más rezagadas, en general sobrerrepresentadas en el Congreso. El gobierno central aumentó su poder frente a los gobernadores desde la crisis de 2001-2002, debido al crecimiento de los recursos fiscales no coparticipados.[19]

Así, el gobierno nacional intercambia apoyo en el Congreso por parte de los legisladores que responden a gobernadores de provincias rezagadas, las más necesitadas de recursos fiscales nacionales, a cambio de transferencias. La sobrerrepresentación las torna necesarias para poder aprobar leyes.

Dado que los gobernadores tienen una relación clientelar con sus votantes, no se preocupan por el contenido de las leyes que mandan aprobar a sus legisladores. Lo único que buscan es seguir recibiendo transferencias para implementar sus programas clientelares. Así, pueden apoyar un día una política y al día siguiente la contraria, lo que ayuda a explicar la gran volatilidad de las políticas públicas en la Argentina.

---

19 El crecimiento del poder del gobierno nacional frente a los gobernadores fue tal en años recientes que la presidente Cristina Kirchner consiguió torcer parcialmente la lógica electoral que acabamos de describir, imponiendo candidatos propios en las listas de diputados de muchas provincias. El hecho paradigmático de este cambio de poder relativo ocurrió cuando la presidente echó de la Casa Rosada en 2015 a Juan Carlos Mazzón, histórico operador del PJ, fallecido poco tiempo después, luego que este hubiese armado una lista provincial en Mendoza que excluía a miembros de La Cámpora. El objetivo de Cristina Kirchner consistía en preservar en el Congreso unos 30 diputados que respondieran a su proyecto durante 2015-2019, cosa que en principio parece haber logrado.

5
Problemas a enfrentar

Antes de comenzar con las propuestas, haremos a modo de repaso un inventario de los problemas más importantes resaltados en los cuatro capítulos anteriores. Este diagnóstico guiará las propuestas que haremos a continuación.

Las principales características y vicios de nuestro sistema político-electoral son:

1) *Un presidencialismo muy fuerte*, con un presidente con más capacidades legislativas que en otros países, lo que crea el riesgo de un hiperpresidencialismo, o una tendencia a la tiranía.

2) *La sobrerrepresentación de las provincias pequeñas en el Congreso.* No existe otro país con distorsiones en este sentido tan marcadas como la Argentina, que permitieron la protección de enclaves poco democráticos en muchas provincias, en las cuales los oficialismos se perpetúan en el poder. Este desbalance ha dado también una preponderancia al PJ en el Congreso.

3) *El intercambio de apoyo político por recursos para las provincias disminuye la calidad del debate político nacional y contribuye a los vaivenes de las políticas públicas.* Las provincias pequeñas reciben una masa desproporcionada de recursos federales, usados principalmente para el clientelismo, a cambio del apoyo a las políticas del gobierno nacional, cualesquiera sean estas. El Congreso no se convirtió así en un verdadero contrapeso del Poder Ejecutivo, ni en el espacio ideal para impulsar los procesos de deliberación democrática esenciales para que participe el conjunto de la sociedad, expresando las diversas opiniones sobre los temas de relevancia institucional. Este vacío explica los típicos y contrastantes vaivenes en el diseño y la implementación de las políticas públicas.

4) *La fragmentación y territorialización del sistema de partidos políticos.* El sistema electoral proporcional para la elección de diputados, sumado a la existencia de distritos de gran magnitud (especialmente la provincia de Buenos Aires), a la existencia de partidos de distrito, a la posibilidad de desdoblar elecciones, a otros vicios como las listas espejo, colectoras y los lemas, y al sistema de doble vuelta para la elección de presidente han llevado a una creciente fragmentación de los partidos políticos.

5) *Los legisladores son generalmente amateurs, con poco interés en las políticas nacionales.* La combinación

de un sistema electoral de listas cerradas y el hecho de que las provincias sean los distritos electorales hace que los legisladores nacionales deban sus carreras políticas a los gobernadores, a la sazón los principales jefes partidarios. No desarrollan así verdaderas carreras legislativas y, por lo tanto, no tienen el *expertise* necesario en los temas que les toca tratar. Se limitan a menudo a votar lo que el Poder Ejecutivo envía, incluso a libro cerrado, sin un conocimiento real de los detalles y consecuencias de las leyes que están en efecto sancionando. La introducción de las PASO no cambió esta realidad, ya que en la práctica los votantes no aumentaron su influencia en la composición de las listas de candidatos a legisladores.

6) *Un sistema de votación vetusto que brinda oportunidades para todo tipo de irregularidades.* El sistema de listas sábana provistas por cada partido limita las posibilidades de los votantes y da lugar a prácticas poco democráticas, como el robo de boletas y el voto cadena. Facilita la posibilidad de los punteros políticos de auditar por quién votan sus clientes y, por lo tanto, aumenta los incentivos a la expansión del clientelismo como fórmula electoral.

7) *La existencia de mecanismos poco independientes de control del proceso electoral.* El control depende del Ministerio del Interior, lo que convierte al gobierno de turno en juez y parte. Parte del

procesamiento de los datos lo realiza el Correo Argentino, empresa estatal que carecía hasta las elecciones de octubre del 2015 de los controles necesarios para evitar la manipulación de la información (las famosas actas) que llegaban desde las mesas de votación.

8) *La disposición desbalanceada de recursos económicos para las campañas.* Faltan mecanismos claros y que se hagan cumplir en el financiamiento de las campañas electorales y en el uso de los recursos del gobierno para esos fines.

La combinación de los puntos 1 a 5 ha dado lugar a un régimen político que oscila entre la tendencia a la hegemonía cuando gobierna el PJ y la anarquía cuando no, a un cambio permanente en la dirección de las políticas públicas (irresolución) y a su mala calidad. El cambio constante en las reglas de juego disminuye el incentivo de empresarios a invertir y tomar riesgo, mientras que la población carece también de incentivos para invertir en capital humano. Durante mucho tiempo, esto fomentó la emigración de ciudadanos altamente capacitados, proceso que parece haberse desacelerado como consecuencia de los serios problemas económicos que tienen incluso muchas economías desarrolladas, así como del desarrollo de tecnologías de la información que permiten la exportación de servicios profesionales desde lugares remotos. De todas formas, la combinación de los puntos 6, 7 y 8 genera una fuerte desigualdad de los recursos para la competencia electoral; es decir, "inclina la cancha" en favor de los oficialismos de turno y disminuye las posibilidades efectivas de alternancia en el poder.

Por otra parte, las características y los vicios principales de nuestro sector público y sus sistemas de control son los siguientes:

1) *El Estado se ha convertido en un botín para el partido gobernante.* La Argentina carece de una burocracia profesional como las que cuentan los países desarrollados y, crecientemente, también algunos países en desarrollo. En su lugar, cada gobierno hace crecer una "burocracia paralela" (por ejemplo, La Cámpora con CFK). El empleo público ha crecido últimamente sin límite ni control de calidad. En muchas provincias esta situación se encuentra agravada pues gran parte de la población depende del gobierno, dada el poco desarrollo de la economía privada. Es decir, se crean empleos con fines electorales, proceso en el que tienen un papel central los punteros políticos. La distribución territorial y la adjudicación de la obra pública se hace de forma caprichosa, sin criterios de eficiencia, competitividad ni de política de desarrollo.

2) *La calidad y la eficiencia de la administración pública es muy mala.* Incluso parece adrede en ocasiones, ya que hace que la población de menores recursos dependa de las redes clientelares para solucionar sus problemas.

3) *La Argentina se ha convertido en uno de los países más clientelistas del mundo, lo cual constituye un cáncer para la democracia.* El clientelismo se encuentra muy extendido y resulta muy efectivo, en parte porque el vetusto sistema electoral permite el monitoreo del voto de los clientes. Esta relación "instrumental" (votos a cambio de bienes materiales) deteriora la calidad democrática, ya que revierte la relación natural que debe existir en democracia, pues el votante se ve "controlado" por el político, en lugar de ser a la inversa.

4) *La justicia se ha convertido en estratégica, lo que dificulta el control de los gobernantes cuando cuentan con amplio poder electoral.* El principal problema es la incertidumbre de los jueces acerca de la estabilidad en sus empleos. Cambios recientes en los procesos penales aumentan la dependencia respecto del Poder Ejecutivo. La justicia desarrolló además un conjunto de prácticas ineficientes y muchas veces corruptas en su accionar cotidiano.

5) *Los mecanismos de control alternativos del poder político, como la Auditoría General de la Nación y la Oficina Anticorrupción, se volvieron totalmente ineficaces.*

Esta combinación produjo políticas públicas ineficientes y corruptas a lo largo de décadas. El argentino es un Estado grande y bobo al servicio de los gobernantes de turno en su intento de perpetuarse en el poder, en lugar de enfocarse en resolver los problemas de la población, impulsando políticas que promuevan el desarrollo humano. Como consecuencia, se mantienen umbrales inaceptables de pobreza, disminuye la calidad de la educación, la infraestructura pública es deficiente, la regulación al sector privado es arbitraria y la justicia es parcial, entre otros problemas.

La *cuestión federal*, por su parte, tiene muchas aristas que surgen de un desequilibrio poblacional y de recursos estructural en la Argentina. De todos estos problemas, uno produce consecuencias fundamentales sobre el desarrollo de las instituciones democráticas: *el desbalance fiscal vertical. Las provincias gastan más de lo que recaudan y esto las pone a merced del gobierno nacional.* Esta tendencia se agravó luego de la crisis de 2001-2002, cuando se crearon diferentes impuestos no coparticipados (como el impuesto a las transacciones financieras, llamado al cheque, las retenciones a las exportaciones y sobre todo la inflación), más la renegociación de deudas de las provincias con el gobierno nacional y la cesión de poderes especiales.

Finalmente, todos estos mecanismos perversos interactúan y se potencian entre ellos. Los desbalances de poder que existen en nuestro sistema político producen un crecimiento alarmante del empleo público; acusaciones de corrupción masiva en la obra pública; aprobación a granel de leyes sin debate alguno, en muchos casos disparatadas, por parte de un Congreso con legisladores que responden a las órdenes de gobernadores sumisos económicamente al poder central; fuertes ataques a la justicia y a los organismos de control; evidencias groseras de clientelismo, ventajas difíciles de superar en casi todas las elecciones provinciales y fraude. Las consecuencias están a la vista: caída de la inversión, estancamiento del empleo, crecimiento de los desbalances macroeconómicos, deterioro de la seguridad (y aumento del flagelo de la droga), entre otras.

6
Propuestas para una democracia moderna

En este capítulo presentaremos algunas propuestas de reforma que, en nuestra opinión, pueden ayudar a solucionar varios de los problemas de funcionamiento que la democracia argentina experimentó en las últimas décadas, y que fueron analizados a lo largo de este trabajo. Lo hacemos con la humildad de entender que tanto estos problemas como los eventuales procesos de cambio que podrían comenzar a solucionarlos son fenómenos muy complejos, cuya comprensión y desarrollo exceden los alcances de un libro de estas características y dimensiones. *Nuestro objetivo es, de todas formas, impulsar un debate, más que proponer una solución definitiva, de la que por cierto carecemos.* Creemos que los esfuerzos de reforma de los próximos años deben estar dirigidos a cambiar el conjunto de incentivos y restricciones institucionales que enfrentan a diario los políticos en la Argentina, fruto de la manera en que funcionan y se combinan el sistema electoral, el manejo y el control de los recursos del Estado y el régimen de coparticipación federal de impuestos. Entendemos que esfuerzos en otro sentido, como los típicos debates sobre "políticas de Estado", resultan en verdad fútiles, ya que tarde o temprano serán inevitablemente discontinuados, dada la falta de incentivos para mantener políticas en el tiempo.

Presentaremos aquí propuestas de reformas, analizando el porqué de cada una. Puede parecer un enfoque simplista: existen fuertes intereses para que las cosas sean como son y no como aparecen en nuestra lista. Pero en todo proceso de reforma es necesario tener un norte, un objetivo de máxima que guíe en todo momento las iniciativas. Dejaremos para el capítulo siguiente el importante problema de cuál puede ser la secuencia óptima, o posible, de implementación y cómo enfrentar las resistencias que generan los intereses creados por el *statu quo*.

Propuestas para el sistema político-electoral

Teniendo en cuenta lo discutido en estas páginas, entendemos que los objetivos centrales de una reforma orientada a mejorar la calidad de la democracia tienen que ser entonces los siguientes: disminuir la fragmentación de los partidos, acotar la sobrerrepresentación de las provincias pequeñas y el sesgo pro PJ, crear partidos fuertes de alcance nacionales comprometidos con políticas de Estado, reducir el poder de los gobernadores en la selección de candidatos a las bancas en el Congreso y dar mayor transparencia al proceso electoral, con una disponibilidad más equitativa de recursos entre los distintos partidos.

El sistema electoral y de partidos

Nuestra propuesta consiste en una serie de cambios al sistema electoral que permitirían al mismo tiempo reducir la fragmentación electoral, disminuir la sobrerrepresentación de las provincias pequeñas, fomentar la creación de pocos partidos nacionales y aumentar el control que los votantes tienen sobre los políticos (en detrimento de los gobernadores).

La propuesta contiene los siguientes puntos:

Aumento de los requisitos para tener representación en el Congreso nacional.

Exigir que los partidos tengan un mínimo de representación en cinco distritos electorales (véase definición de distrito, abajo) para poder acceder a bancas en el Congreso nacional. Imponer que los partidos deban tener más de un 5% de los votos a nivel nacional para poder acceder a bancas en el Congreso nacional. Llamemos a los partidos que cumplen estos requisitos partidos "nacionales", por oposición a los partidos que solo quieran competir por cargos municipales o locales. El objetivo de este punto es reducir la fragmentación y la territorialización de los partidos políticos.

Implementación de un sistema electoral mixto (SEM).

Los sistemas electorales mixtos se han popularizado sustancialmente alrededor del mundo en las últimas décadas. Lo han adoptado al menos 15 países, incluyendo Japón y México. En los sistemas electorales mixtos, un grupo de diputados se elige mediante un mecanismo –distritos uninominales, típicamente– y otro grupo se elige de manera proporcional en uno o más distritos que eligen cada uno varios miembros a nivel regional o nacional.

Nuestra propuesta consiste en una variante de un sistema electoral mixto que deja intacta la forma de elegir los 257 diputados que existen actualmente, salvo por la modificación que plantearemos en la propuesta siguiente, pero crea un segundo carril o segmento para la elección de diputados nacionales. En este segundo segmento, que se agregaría al vigente, se elegirían unos 65-70 diputados adicionales, aproximadamente un 25% de los actuales, en un solo distrito nacional, pero al cual solo accederían los partidos "nacionales" tal como se definió previamente.

La forma de repartir las bancas entre los partidos nacionales en este segmento es lo que en la jerga técnica se llama "proporcional complementario". ¿Cómo funcionaría? La cantidad de diputados electos permitiría igualar el número de bancas al porcentaje de votos que obtuvo cada partido nacional.

El ejemplo hipotético de la Tabla 8 permite entender el concepto. En el país en cuestión existen 7 distritos electorales y 7 partidos, algunos presentes solo en algunas provincias. El sistema presenta características parecidas a la Argentina: desigualdad muy grande de población entre las provincias, sobrerrepresentación de las pequeñas y gran cantidad de partidos. La provincia más grande de nuestro ejemplo tiene diez millones de electores, pero solamente envía cuarenta diputados al Congreso, mientras que las dos provincias más pequeñas tienen veinte mil o menos votantes, pero envían tres diputados cada una.

En el ejemplo, con el sistema actual que utiliza la Argentina el partido A obtiene el 35% de los votos totales, pero el 42% de las bancas, como un "premio" por sus mejores resultados en las provincias pequeñas, sobrerrepresentadas. Lo contrario ocurre con el partido B. En los distritos más grandes hay más incentivo a la fragmentación ya que se reparten más bancas de manera proporcional, y por lo tanto se presentan más cantidad de partidos. El Congreso queda así muy fragmentado. Si esta elección a diputados coincidiera con la primera vuelta presidencial, y los votos a presidente correspondieran con los votos a diputados, los partidos A y B competirían por la presidencia en una segunda vuelta. De ganarla el B, se vería en problemas para poder organizar una coalición estable en el Congreso.

Comparemos ahora los resultados del sistema actual con los del propuesto en la Tabla 8. Supongamos que solo los partidos con presencia en más de cinco distritos tienen derecho a llevar diputados al Congreso. Esto haría que la distribución de las bancas de cada

Nombre de la provincia	Nro. de electores por provincia	Nro. de bancas que elige la provincia	Porcentaje de votos por partido en cada provincia						
			Partido A	Partido B	Partido C	Partido D	Partido E	Partido F	Partido G
1	1.000.000	40	35%	30%	14%	3%	9%	6%	3%
2	350.000	15	30%	42%	7%	6%	15%		
3	300.000	15	30%	40%	6%		14%		10%
4	55.000	5	60%	25%			15%		
5	45.000	5	65%	25%			10%		
6	15.000	3	50%	10%			30%		10%
7	20.000	3	65%	15%		20%			
Total	1.785.000	86	35%	33%	10%	3%	11%	3%	3%
Sistema actual (D'Hondt)									
% de bancas con sistema actual			42%	30%	9%	3%	10%	2%	2%
Nro. de bancas con sistema actual			36	26	8	3	9	2	2
Sistema propuesto									
% de votos "nacionales"			44%	42%			14%		
Nro. de bancas segmento tradicional		86	40	35			11		
% de bancas segmento tradicional			47%	41%			13%		
Nro. de bancas segmento adicional		22	8	10			4		
Nro. de bancas totales		108	48	45			15		
% de bancas totales			44%	42%			14%		

Tabla 8. Un ejemplo hipotético de resultado electoral y asignación de bancas. *Fuente:* elaboración propia.

distrito, si se aplicase el sistema actual que tiene la Argentina, se concentrara más que en el ejemplo anterior, con 47%, 41% y 13% para los partidos A, B y E, respectivamente.

Nuestra propuesta busca sin embargo equiparar el número de bancas que obtienen los partidos "nacionales" con la distribución de votos que obtuvo cada uno, pero excluyendo de esta cuenta a los partidos no nacionales. Los partidos A, B y E obtuvieron el 44%, 42% y 14% de los votos una vez que se excluye de la cuenta a los partidos que no tienen presencia nacional. Las bancas del segundo segmento, el "adicional", se reparten de manera que el porcentaje de bancas totales se asemeje al porcentaje de votos que tienen los partidos nacionales. Así, en nuestro ejemplo el resultado final es que los partidos A, B y E terminan con un porcentaje de bancas igual al porcentaje de votos que obtuvieron (excluyendo a los otros partidos). La situación del partido B se empareja así con el del A y resulta un Congreso mucho menos fragmentado.

Algunos pensarán que es un sistema muy injusto, ya que en el ejemplo hay partidos que quedan sin representación en el Congreso. Pero lo que ocurriría si se aprobase un sistema electoral así es que habría una "consolidación" de partidos. El incentivo que tienen los políticos hoy para abrirse de un partido y crear uno nuevo si están en desacuerdo con sus pares desaparecería, o al menos se reduciría muchísimo. De más está decir que este paso fomentaría una cultura de negociación y tolerancia, en lugar de confrontación y sectarismo.

Un sistema como el propuesto permitiría lograr dos objetivos al mismo tiempo; en palabras del saber propular, "matar dos pájaros de un tiro". Al estar reservadas las bancas del Congreso exclusivamente para los partidos "nacionales", se crea un fuerte incentivo en contra de la fragmentación y la territorialización de partidos. También decrecen el peso de las provincias chicas en el Congreso y el sesgo pro PJ del sistema electoral actual.

Disminuir la magnitud de los distritos electorales en las provincias grandes

El primer objetivo de esta reforma es disminuir la fragmentación de los partidos políticos; aunque se podría argumentar que la propuesta anterior ya lo habrá resuelto, quizá valga la pena un doble esfuerzo para evitar riesgos como que el número de distritos requeridos para que un partido se convierta en nacional no sea tan alto como para evitar la aparición de otros espacios políticos. Carey y Hix encontraron que la existencia de distritos de baja magnitud (es decir, un número bajo de bancas elegidas) limita la fragmentación de partidos sin perder un elemento de proporcionalidad en el sistema electoral. También, que el número óptimo de bancas a elegir por elección debe acercarse a 6.

En la Tabla 9 se ve cómo partiríamos la provincia de Buenos Aires en siete distritos electorales (en lugar de dividir la provincia en tres, como propuso el precandidato a vicepresidente Lucas Llach en las elecciones primarias

Nombre del distrito nuevo	A qué secciones electorales corresponden	Electores	Diputados	Electores por diputado
Conurbano noreste	Parte 1ª	1.826.245	6	304.374
Conurbano noroeste	Parte 1ª	1.826.245	6	304.374
Conurbano sudeste	Parte 3ª	1.470.503	5	294.101
Conurbano sudoeste	Parte 3ª	1.470.503	5	294.101
La Plata y alrededores	Parte 3ª y 8ª	1.205.615	4	301.404
Norte	Parte 2ª, 4ª y 7ª	1.218.089	4	304.522
Sur	Parte 5ª y 8ª	1.590.718	5	318.144
	Total	10.607.918	35	303.003

Tabla 9. Una posible división de la provincia de Buenos Aires en siete distritos de baja magnitud. *Fuente:* elaboración propia.

de 2015). Situaciones similares habría que diseñar para la Capital Federal, Córdoba, Mendoza y Santa Fe. En cada elección, la provincia de Buenos Aires renueva 35 diputados. Los siete distritos del ejemplo los conformamos con datos aproximados de las ocho secciones electorales en que se divide la provincia hoy.

La magnitud más baja de los distritos electorales ayudaría con un segundo objetivo: el electorado lograría un mayor control respecto de quiénes entran al Congreso. Con una lista de 35 candidatos, de los cuales el partido que gana la elección a veces coloca hasta 17 diputados, es muy difícil que los votantes sepan a quién están haciendo ingresar en el recinto. Una mirada a las listas de diputados revela que debajo de un par de figuras conocidas y de cierto prestigio, a veces se esconden punteros y personas que desprestigian al Congreso nacional. Quizá, como beneficio adicional, la división de la provincia en distritos electorales permita mejorar la representación del interior bonaerense en el Congreso.

Eliminación de listas colectoras y lemas en las provincias y obligación de mantener las elecciones provinciales al mismo tiempo que las nacionales

Si bien algunas provincias tienen disposiciones constitucionales que las obligan a desdoblar sus elecciones de las nacionales, estas medidas colaborarían en reducir la fragmentación y territorialización de los partidos políticos.

Listas abiertas en las primarias

Las PASO deberían mantenerse, ya que reducen la importancia de las maquinarias políticas para la elección de candidatos y, por lo tanto, el valor de las redes clientelares. Sin embargo, no sirvieron como mecanismo para que la población tuviese por ahora un rol más efectivo en la elección de candidatos. En la mayoría de los casos, los votantes se encontraron con solo una opción por partido dentro del cuarto oscuro. La lapicera para ungir candidatos siguió estando en manos del partido.

Para revertir tal situación, las elecciones a diputado nacional deberían hacerse con listas abiertas. Es decir, que los votantes eligiesen quiénes van en las listas de cada partido y en qué orden. Esto haría a los candidatos más visibles para los votantes (en lugar de ir "escondidos" en una lista) y cuando les toque ser diputados sentirían una mayor presión para responder a las necesidades de la población en lugar de preocuparse solo por satisfacer las demandas de sus jefes políticos que, como comentamos, suelen ser los gobernadores. Además, aumentaría la presión para que los partidos propusieran candidatos que elevasen el nivel de debate en el Congreso.

Esta propuesta no disminuirá la disciplina partidaria, como ocurre en el Brasil, por ejemplo, ya que al momento de la elección general los candidatos competirían en listas cerradas de varios miembros por partido y en un sistema electoral que fomentaría la reducción del número de espacios. Es decir, todavía tendrían incentivos para votar junto a sus partidos ya que de ellos dependen para llegar a sus bancas. Esta reforma solo se podría implementar con un sistema de boleta única, como propondremos más abajo.

Forma de emisión del voto y control del proceso electoral

Abogamos por el uso de una boleta única en todas y cada una de las elecciones. El voto electrónico permite un elemento adicional de control (el votante se lleva un ticket), pero no es fundamental. Incluso, puede crear suspicacias en cuanto a la transmisión y la agregación de datos y a la anonimidad del votante. Lo esencial es la existencia de una boleta única, provista por el Estado mediante el ente a cargo de las elecciones, en lugar de entregadas por los partidos.

Existen distintas formas de organizar la boleta única. Una, por medio de una boleta por categoría a elegir (por ejemplo, una con todos los candidatos a presidente, otra con todos los candidatos a diputados, etcétera). La otra, con una sola boleta para todas las categorías. Estudios realizados por el CIPPEC muestran que el primer tipo genera menos confusión. De cualquier manera, es importante habilitar su uso. Continuando con CIPPEC, sus investigadores proponen, por ejemplo, que las boletas se desprendan de un talonario con número de serie. Otro tema importante es asegurar la equidad de los partidos en la presentación de la boleta única: el orden de aparición, por caso, debería ser sorteado. Y ninguno debería tener más espacio que los otros.

La boleta única, denominada *Australian ballot*, elimina varios de los vicios de nuestro sistema electoral, como el robo de boletas y el voto cadena. Aumenta la anonimidad del voto y disminuye la influencia de las redes clientelares en el proceso de votación. Estudios hechos por Susan Stokes en base a encuestas en la Argentina muestran que el porcentaje de votantes de bajos recursos dispuestos a ser influenciados en su voto por bienes entregados por los punteros baja a la mitad cuando usan una boleta encontrada en el cuarto oscuro en lugar de una entregada por el puntero. Como definimos en el capítulo 3, el clientelismo es el intercambio individualizado y contingente de bienes y servicios por apoyo político. Para que sea efectivo, el puntero debe poder monitorear el voto del "cliente". El sistema de boleta única disminuye, pero no elimina, este poder de control.

La introducción de la boleta única no eliminará mágicamente el clientelismo. Las maquinarias políticas de los Estados Unidos no desaparecieron automáticamente luego de su introducción a fines del siglo XIX. En países como el Brasil, que también utilizan ese sistema, el clientelismo sigue siendo una práctica muy extendida. Estudios como el de Stokes y el de Stokes, Dunning, Nazareno y Brusco muestran que la capacidad de monitoreo también existe porque los punteros son, como se mencionó, personas *multitasking*, que resuelven muchos problemas para la gente de bajos ingresos, y por lo tanto la conocen muy bien. Son sus vecinos, con interacción diaria en algunos casos. Es difícil que no sepan por quién votan. Esto ocurre porque en el país la asistencia social se ha "privatizado" en manos de los punteros, en base a una serie de programas y recursos que les otorga gran discrecionalidad. Propondremos más adelante su "reestatización" y nacionalización.

La Argentina debe emprender el camino iniciado por México y muchos otros países hace varios años: la creación de un Instituto Nacional Electoral (INE), con una estructura administrativa jerarquizada que garantice la independencia respecto del gobierno de turno. No solo debería estar a cargo de la organización de las elecciones, sino también del control y las sanciones correspondientes en caso que los partidos rompan reglas como las que regulan la propaganda y el financiamiento de las campañas. El recientemente renovado Instituto Nacional Electoral de México (antes denominado Instituto Federal Electoral, IFE) tiene incluso la capacidad de anular elecciones en las que partidos o candidatos violen las normativas vigentes.

Financiamiento de las campañas electorales

Si bien el problema de la financiación de campañas es de difícil solución, en la Argentina el objetivo principal de toda reforma debe centrarse en equilibrar la disponibilidad tan despareja de recursos de propaganda electoral con los que cuentan el partido del gobierno y de la oposición. Este es otro factor adicional que inclina la cancha a favor de los oficialismos, y debe ser restringido.

En términos generales, creemos que los presupuestos de publicidad de los gobiernos de las distintas jurisdicciones de la Argentina son demasiado elevados y deben ser reducidos fuertemente. La propaganda oficial y la de otros organismos públicos debería ser directamente prohibida desde 60 días antes de las PASO. También debe prohibirse el uso de la cadena nacional en el mismo período, excepto para ocasiones específicamente definidas en las que esté en juego la seguridad nacional. Creemos también que debe darse lugar a la posibilidad de financiamiento empresario, en forma limitada, a través de una cuenta única, y con transparencia, a fin de equilibrar las condiciones de competitividad de todos los partidos que participan del proceso electoral.

El "tiempo de campaña" según las leyes vigentes actualmente es de 30 días antes de las primarias y 35 días antes de la elección general. Previamente, los candidatos no pueden contratar publicidad privada. Esta restricción, sin embargo, es poco realista y es de hecho esquivada por los candidatos, que recurren a artilugios para hacer propaganda sin burlar la letra de la ley. Pensamos que el tiempo de campaña electoral debe ser extendido, para permitir a los candidatos de oposición y/o aquellos que no desempeñan tareas ejecutivas tener mayor exposición al electorado. Al mismo tiempo, el período entre las PASO y la elección general debe ser acortado para generar continuidad en el proceso.

La capacidad de sanción de las autoridades y la justicia electoral ante violaciones a las restricciones de financiamiento deben ser aumentadas, de manera de hacerlas en verdad efectivas, a diferencia de lo que ocurre actualmente. El poder de sanción con el que cuenta hoy el Instituto Nacional Electoral en México puede servir de ejemplo a seguir. Finalmente, gran parte del financiamiento público hoy se dirige en forma automática a las unidades subnacionales de los partidos. Creemos que esto debe ser modificado, y que más recursos deben fluir hacia la conducción nacional del partido. Este cambio ayudaría a otro de los objetivos que hemos propuesto, que es el fortalecimiento de los partidos nacionales, a diferencia de la gran fragmentación y territorialización de los partidos que existe en la actualidad.

Más democracia para las provincias

Es imperioso impulsar una serie de reformas que mejoren la calidad democrática de las provincias. La situación actual es poco conducente a mantener políticas de calidad y estables a nivel nacional, como se indicó en el capítulo 1. Además, hace que en general las políticas provinciales sean también de mala calidad, lo cual acentúa los problemas aquí analizados puesto que ejecutan cada vez un mayor porcentaje del gasto público.

Las reformas deben tender a desarticular el funcionamiento actual, en el cual los poderes ejecutivos provinciales cuentan con un férreo control de sus provincias, debido a la combinación de varios factores:

a) La posibilidad de reelección de los gobernadores. Cuando volvió la democracia, en 1983, ninguna Constitución provincial permitía la reelección. Hoy, solo Santa Fe la impide. En Mendoza no hay una prohibición formal, pero nunca ocurrió que se reeligiera un gobernador. En el otro extremo, cinco permiten la reelección ilimitada del gobernador: Formosa, Catamarca, La Rioja, San Luis y Santa Cruz.

b) Las reformas electorales para las elecciones provinciales, que permitieron a los oficialismos un control más férreo de las legislaturas locales. Desde 1983 hubo al menos 33 reformas constitucionales y 45 electorales sustantivas en las provincias argentinas. En general, disminuyeron la proporcionalidad de los sistemas electorales en favor de sistemas mayoritarios (distritos uninominales) o la magnitud de los distritos (lo cual vuelve al sistema menos proporcional), o cambiaron las formas geográficas de los distritos, sobrerrepresentando a las zonas en las que los oficialismos tenían ventajas electorales (en los Estados Unidos esta práctica se llama *"gerrymandering"*), o aumentaron el piso mínimo para participar en las elecciones, lo que disminuyó el número de partidos compitiendo en las elecciones.

Otras prácticas fueron la implantación de leyes de lemas, cuando les era conveniente, y el desdoblamiento de las elecciones provinciales de las nacionales. Unas diez provincias llegaron a implementar leyes de lemas, que permitieron al PJ administrar su volátil y conflictiva dinámica interna, según Calvo y Escolar. Seis las eliminaron luego, cuando los oficialismos pensaron que los lemas podían beneficiar a la oposición.

En 1983 todas las elecciones provinciales fueron concurrentes con la nacional. En 2003, esto ocurrió solo con dos provincias: el resto prefirió desdoblarlas para aislarse de la crisis política nacional. Desde entonces, el número de elecciones provinciales concomitantes con las nacionales aumentó. En las de 2015, coincidieron diez elecciones a gobernador con la elección de presidente el 25 de octubre. Pero persiste el hecho de que los gobernadores tienen la capacidad de administrar estratégicamente para aprovechar o evitar el "efecto arrastre" de las elecciones nacionales.

Estos cambios electorales, sumados a modificaciones en la administración de las elecciones y a la presentación de candidatos, permitieron a la mayoría de los gobernadores la dominación de las legislaturas locales. Según Ardanaz, Leiras y

Tommasi, entre 1983 y 2006, en el 80% de las provincias el partido del gobernador tuvo bajo su ala más del 50% de las bancas de las legislaturas locales en promedio.

c) Como consecuencia, la mayoría de los gobernadores locales tienen un férreo control de los sistemas judiciales provinciales. Sin un Congreso y un Poder Judicial independientes del gobernador, no existen contrapesos institucionales a nivel provincial.

Las reformas electorales provinciales deben entonces:

1) prohibir la reelección de los gobernadores más allá de un mandato, y la de cualquier pariente cercano de manera consecutiva;

2) introducir cambios en sus sistemas electorales para tornarlos más proporcionales y disminuir el control de los poderes ejecutivos sobre las legislaturas locales;

3) prohibir las leyes de lemas;

4) eliminar la posibilidad de desdoblamiento de las elecciones provinciales (y fomentar así la nacionalización de los partidos);

5) delegar la administración de las elecciones provinciales a un instituto nacional electoral;

6) exigir el uso de boletas únicas; y

7) cambiar el formato de las políticas de ingresos aumentando el rol del gobierno nacional (tema que profundizaremos más adelante).

En el capítulo siguiente veremos cómo se pueden proveer los incentivos adecuados para que las provincias se embarquen en cambios tan sustanciales de sus reglas institucionales.

Propuestas para el funcionamiento del Estado y los organismos de control

Los criterios rectores de las reformas que deben implementarse para mejorar el funcionamiento del Estado y sus sistemas de control son simples: la asignación de recursos del sector público (contratación de empleados públicos, asistencia social, obra pública) debe llevarse a cabo con criterios profesionales y no político-partidarios o facciosos, mientras que los organismos de control y la justicia deben ser independientes del poder político de turno.

La dificultad radica en los detalles de ejecución de estas reformas. La amplitud y la complejidad de estos temas exceden el alcance de este trabajo. Presentaremos, sin embargo, un conjunto de propuestas concretas tendientes a atacar los problemas más grandes que hemos señalado, basados en el análisis de un conjunto de expertos locales e internacionales.

Además, como ya remarcamos, muchos de los problemas de funcionamiento del sector público, la justicia y los organismos de control se derivan de la existencia un sistema político-electoral desbalanceado, que conduce a un exceso de poder del Poder Ejecutivo Nacional sin un contrapeso adecuado del Congreso, compuesto mayoritariamente por legisladores *amateurs* y desinteresados en las políticas nacionales, entre otros problemas. Una reforma político-electoral adecuada, que dé lugar a la formación de partidos nacionales estables y con vocaciones equilibradas, con legisladores que tengan verdaderas carreras legislativas, permitirá convertir al Congreso en una arena de negociación de políticas públicas estables y de mejor calidad, incluyendo el funcionamiento del Estado, la justicia y los organismos de control.

Recreación del Sinapa

El conjunto de reformas que tiene que implementar el sector público argentino es muy amplio. Las de los noventa redujeron drásticamente la planta de empleados públicos, pero más allá de la implementación del Sinapa poco se hizo para mejorar la eficiencia de lo que quedaba. Nunca llegaron a implementarse en el país las "reformas de segunda generación", destinadas a mejorar la gestión pública: reestructuración organizativa para buscar mayor flexibilidad y adecuación a las necesidades de gestión, desburocratización de normas, procesos y trámites administrativos, mejoramiento de sistemas de información y la transparencia, evaluación de resultados y promoción de participación ciudadana.

Sin menospreciar la importancia de estos desafíos, nos concentramos en el que creemos el más importante:

evitar la captura del aparato estatal por parte del poder político. Al momento de escribir este capítulo, la prensa nacional informaba que el gobierno saliente envió al Congreso la iniciativa de incorporar casi 15.000 empleados públicos "contratados" a la planta permanente, lo que en principio les daría estabilidad laboral, como parte del presupuesto 2016. Los empleados "contratados", informaban los medios, habían subido de 17.807 en 2003 a 70.000 en diciembre de 2014 y representaban el 42% del total de empleados nacionales excluyendo las Fuerzas Armadas y las de seguridad.

Es primordial realizar un acuerdo amplio entre las principales fuerzas políticas del país para volver a encarrilar la contratación de empleados públicos dentro del marco del Sinapa.

Los casos de reformas de sistemas de servicio civil exitosos en el mundo muestran que, en esquemas políticos democráticos, es necesario el armado de coaliciones amplias, incluyendo no solamente las fuerzas políticas sino también instituciones civiles como universidades y ONG.

En todos los casos, además, un conjunto de circunstancias especiales permitió sortear impedimentos y dar impulso a reformas administrativas duraderas.

En los Estados Unidos, por ejemplo, luego de años de intentos de cambiar un mecanismo de patronazgo llamado "el sistema botín" ("*spoils system*"), el asesinato del presidente James Garfield, en 1881, por parte de una persona que buscaba un empleo público galvanizó las fuerzas políticas y sociales para la aprobación de la reforma al servicio civil, la Pendleton Act, en 1883.

En Chile, el escándalo político en el Ministerio de Obras Públicas (el "MOPgate") de 2002 abrió el espacio para que los reformadores avanzasen. La opinión pública reaccionó negativamente ante la evidencia de que los empleados del ministerio recibían sobresueldos y de que los trabajos públicos se distribuían en base al "cuoteo" entre los partidos de la coalición gobernante, más allá de las calificaciones profesionales. El plan que implementó el Sistema de Alta Dirección Pública, que está vigente y que el gobierno de Michelle Bachelet piensa ampliar, fue ideado en un *think tank*, el Centro de Estudios Públicos (CEP).

La pérdida del poder hegemónico por parte del Partido Revolucionario Institucional (PRI) de México a partir de los ochenta fue lo que permitió la introducción de una carrera de servicio civil. El paso inicial fue la creación de una tecnocracia en el área de política económica por parte del presidente Carlos Salinas de Gortari (1988-1994). La crisis del Tequila en 1995, la pérdida del PRI del control del Congreso por primera vez en 1997 y el acceso al poder del Partido de Acción Nacional (PAN) en 2000 permitieron el avance de las reformas. Según Merilee Grindle, fueron activadas por la perspectiva de alternancia política, dado que el trabajo de los miembros del partido en el gobierno estaba en peligro si no se los encapsulaba dentro de una carrera de servicio civil.

En la Argentina, el escandaloso aumento del empleo público y su desfachatado uso partidario abren la puerta para relanzar el Sinapa. Ninguno de los empleados públicos nombrados en años recientes debe permanecer en funciones si no reúne los requisitos profesionales que su puesto requiere. El Sinapa debe estar integrado por un consejo multipartidario para evitar que la descripción de los requerimientos de cada cargo se manipule para beneficiar o perjudicar las posibilidades de los candidatos.

Este acuerdo político también debe imponer un límite máximo a la expansión del empleo público (de planta permanente, temporaria y contratados de todo tipo) que puede efectuar cada gobierno. El final del kirchnerismo dejó un sector público con un déficit fiscal por encima del 7% del PIB.

La experiencia de los países que implementaron reformas de servicio civil exitosas demostró que la imposición de requisitos de educación mínima es esencial para evitar el patronazgo.

La Argentina se encuentra en las antípodas de este paradigma, incluso en posiciones de amplia visibilidad. Un caso notable, por lo escandaloso, es el del Banco Central. Cuenta con diez directores que deciden los lineamientos de la política monetaria y cambiaria y son los reguladores del sistema financiero. El gobierno de Cristina Kirchner nombró ocho en los últimos meses de su gobierno. A fines de 2015, una directora no tenía estudios universitarios completos. Del resto, solo cinco habían completado estudios en Economía, dos de ellos solo con títulos de grado. Solamente uno poseía posgrado en el exterior, en una universidad de segundo o tercer nivel académico en comparación internacional. Una búsqueda en internet revela que tal o cual director responden al ministro de Economía o al ex jefe de Gabinete, etcétera. Es decir, forman parte del contingente de puestos políticos y, en casi todos los casos, carecen de idoneidad para el puesto que ejercen, a pesar de que sus pliegos fueron aprobados por el Senado. Constituye, así, un ejemplo más de cómo el Congreso no es un contrapeso a los excesos institucionales del Poder Ejecutivo.

Comparemos por ejemplo con el Banco Central de Chile, uno de los países económicamente más estables de la región. Sus cinco directores tienen doctorados en Economía en prestigiosas universidades del exterior como Harvard, MIT, UCLA y Pennsylvania y son designados en forma escalonada, de manera que un mismo gobierno puede nombrar solo a dos de los cinco. No es casualidad que la inflación haya excedido el 20% anual en la Argentina en los últimos siete años, mientras que en ese período se mantuvo alrededor del 3% anual en Chile.

Finalmente, se hace imperioso imponer criterios más estrictos de contratación de empleados públicos, incluyendo restricciones para contratar parientes y lineamientos claros para evitar situaciones que muestren conflictos de interés.

Programas sociales universales

Las experiencias de México y el Brasil en la implementación de programas sociales condicionados ofrecen una guía acerca del camino que tiene que emprender la Argentina para disminuir el flagelo del clientelismo. Ambos países son federales, es decir, cuentan con autoridades subnacionales con al menos una influencia potencial sobre la política social. Tienen también una larga historia de política basada en el clientelismo. En el Brasil, los *coronéis* y los *cabos eleitorais* utilizaron el intercambio individualizado y contingente, características fundamentales del clientelismo, para llevar votos a sus partidos. En México, el control del poder durante setenta años por parte del PRI se basó a nivel local en el control que los *caciques* obtuvieron sobre los recursos públicos, tanto en zonas rurales como urbanas.

A pesar de un pasado clientelar común con la Argentina, pudieron implementar programas de asistencia social que rompieron con las cadenas del clientelismo: Progresa/Oportunidades en el caso de México y Bolsa Familia en el del Brasil. La experiencia de los Estados Unidos en su lucha contra el clientelismo, que abarcó desde la segunda mitad del siglo XIX hasta mediados del XX, también nos ofrece lecciones útiles.

Para diseñar cambios institucionales que permitan romper el clientelismo es fundamental comprender que se trata de un fenómeno local, un intercambio personalizado y contingente, donde el cliente-votante percibe que el puntero puede sancionarlo quitándole un beneficio si no cumple con su parte del intercambio, como ir a manifestaciones o votar por los candidatos que le señalan.

Esto nos lleva a proponer siete puntos guía para las reformas:

1) *La decisión sobre quiénes pueden recibir un beneficio social y el pago de este debe ser realizada por un organismo nacional y no por oficinas locales.* Debe ser recibido de manera electrónica y administrado por dicho organismo. La decisión debe basarse en reglas objetivas y verificables. En México, la selección de beneficiarios del programa Progresa/Oportunidades la hace un organismo nacional que utiliza primero un índice de marginalidad para seleccionar localidades y luego encuestas de hogares. La nacionalización de la selección de beneficiarios y la administración del pago de los beneficios elimina los dos momentos en que los punteros locales hacen percibir a los votantes-clientes la relación de dependencia. Es, por lo tanto, la clave para eliminar el clientelismo en los programas sociales. El Plan Nacional de Seguridad Alimentaria o el Programa Argentina Trabaja, en los cuales queda a cargo del puntero local el poder de decisión de quiénes pueden ser incluidos y quiénes no, deben ser desmantelados, y los beneficios, concentrados en iniciativas universales como la Asignación Universal por Hijo.

2) *El organismo nacional que administra los programas sociales debe ser tecnocrático.* Actualmente la ANSeS no cumple este requisito, dado el creciente nivel de politización de sus empleados. Es nece-

sario despojar la ANSeS de operadores políticos y contratar personal con criterios profesionales, con estudios en asistencia social, psicología, recursos humanos u otras disciplinas que permitan entender y combatir la pobreza y la indigencia. México y el Brasil lo lograron: estudios independientes calificaron a los organismos que administran Progresa/Oportunidades y Bolsa Familia como técnicamente competentes y políticamente neutrales. Para ser efectivas, las reformas a la implementación de programas sociales deben venir acompañadas de otras que den competencia técnica al organismo que las administra.

3) *Los programas deben ser de cobertura universal.* No debe haber margen de discreción para que un funcionario decida si una persona o familia puede ser incluida en el programa. La universalidad dificulta que el programa sea capturado en beneficio de los punteros locales, incluso cuando los funcionarios locales tienen algún grado de participación en su administración, como es el caso de Bolsa Familia en el Brasil.

4) *La evaluación del cumplimiento de los requisitos para que una persona o familia continúe incluida en un programa no debe estar a cargo de un funcionario local.* La característica de los programas de transferencias condicionadas es que exigen a los receptores a cumplir requisitos de educación y salud a cambio del beneficio social. El objetivo es que los beneficiarios acumulen capital huma-

no para, con el tiempo, salir de la situación de pobreza. Los requisitos deben ser verificados por autoridades escolares y sanitarias, no por funcionarios municipales.

5) *Deben existir mecanismos independientes de evaluación y control.* En México, el International Food Policy Research Institute evaluó el programa Oportunidades en sus primeros años y concluyó que los beneficios estaban bien dirigidos a hogares pobres, los beneficiarios cumplían con los requisitos de educación y salud impuestos y el programa tenía un impacto positivo sobre la población objetivo. En el Brasil, el Ministerio de Desarrollo Social chequea regularmente los nombres de la base de beneficiarios con otros registros, como los de empleo, seguridad social, sepelios y políticos electos en distintos niveles de gobierno.

6) *Los políticos y sus parientes deben estar excluidos de cualquier rol en la administración del programa.* El Progresa/Oportunidades mexicano excluye hasta parientes de cuarto grado de políticos electos.

7) *La experiencia de los Estados Unidos muestra que la reforma electoral, con la introducción de la boleta única, fue fundamental para acabar con el clientelismo.* De nuevo, es importante enfatizar la importancia de la simultaneidad de las reformas.

Finalmente, una de las principales conclusiones que obtuvo Ana Lorena De la O en su análisis de los programas de transferencias condicionadas en América latina fue que cuantas más restricciones políticas enfrentaban los gobiernos (por ejemplo, con la oposición dominando el Congreso), más se ataron las manos en la implementación de los programas sociales, haciéndolos más inmunes al clientelismo. Este fue el caso del programa Progresa en México, que fue ideado por el presidente Zedillo en 1996, poco antes que el PRI perdiera el control del Congreso por primera vez. A fuerza de parecer reiterativos, esto nos recuerda que el punto principal de nuestra propuesta de reforma es el electoral-político: es necesario que la Argentina vuelva a tener un sistema de partidos más equilibrado, para evitar los atropellos institucionales y de captura partidaria de programas como los que hemos observado los últimos años.

Evaluación social de proyectos de inversión

La obra pública nacional debe asignarse con criterios más objetivos que los actuales, que están claramente viciados de favoritismos políticos, como muestran los casos de la obra pública en La Rioja durante la presidencia de Menem y en Santa Cruz durante la de los Kirchner. El dinero es escaso, y los objetivos, múltiples, con lo que los criterios de asignación deben basarse en una evaluación del impacto económico y social que producirá cada proyecto, comparándolo con otros proyectos en pugna.

Nuestra propuesta consiste en implementar un sistema de evaluación social de proyectos a nivel nacional, tal como el Sistema Nacional de Inversión, SNI, que funciona en Chile; véase http://sni.ministeriodesarrollo-social.gob.cl/ para más detalles. El SNI coordina la "formulación, ejecución y evaluación de las Iniciativas de Inversión (IDI) que postulan a fondos públicos" en todo el territorio de Chile. La evaluación social de proyectos es una metodología para evaluar los beneficios y costos de proyectos de inversión cuando generan beneficios no apropiables por un privado (por ejemplo, si tengo presupuesto para pavimentar solamente una calle pública, que no tiene peaje, ¿cuál me conviene pavimentar?) y cuando no todos los valores utilizados son precios de mercado.

El Sistema Nacional de Inversión debería funcionar dentro del Organismo Fiscal Federal (OFF), cuya creación recordamos manda la reforma constitucional de 1994. La inclusión del SNI dentro del OFF permitiría dar así participación a las provincias en los procesos de evaluación, y sería un ámbito adecuado para transferir a las provincias de las capacidades técnicas necesarias para proponer proyectos de inversión con los criterios y métodos técnicos.

Funcionamiento de los organismos de control

La principal propuesta de reforma en este campo consiste en volver a poner en pleno funcionamiento a la Auditoría General de la Nación (AGN). En palabras de Leandro Despouy, actual titular de la AGN, se requiere que el Congreso dicte una ley específica que regule el funcionamiento de la AGN, tal como manda la reforma constitucional de 1994. La Ley de Administración Financiera, que dio lugar a la AGN, es de 1992, es decir, anterior a esa reforma. Según Despouy: "En estos años, la vigencia forzada de una ley obsoleta ha permitido que el Colegio de Auditores esté integrado por una mayoría oficialista, cuando el mandato constitucional del control externo dicta lo contrario".

Una justicia más independiente

El alcance de las reformas a implementar en el Poder Judicial excede claramente nuestra capacidad y entendimiento. Creemos, sin embargo, que existen un conjunto de criterios que son fundamentales para el funcionamiento de una justicia independiente:

1) Los nuevos jueces tienen que ser idóneos, y todos los jueces deben percibir que tienen estabilidad en el cargo. Para lograr este resultado, proponemos volver atrás con todos los cambios impulsados desde 2006 en el Congreso de la Magistratura. Ello permitirá disminuir el control que el Poder Ejecutivo tiene en la actualidad sobre los procesos de nombramiento y remoción de jueces, y volver así a la justicia más independiente del poder político, en lugar de ser estratégica como en la actualidad.

2) El fuero penal debe convertirse en un verdadero ámbito de control de los actos del Poder Ejecutivo. Para ello, proponemos volver atrás con el nuevo Código Procesal Penal y con la Ley de Subrogancias. Más allá del debate sobre cuál es el método investigativo –acusatorio o inquisitorio– más adecuado en el ámbito penal desde el punto de vista técnico, lo cual excede nuestra capacidad, está claro que la reforma al Código Procesal Penal fue impulsada a las apuradas para dar impunidad a miembros del gobierno de Cristina Kirchner. Por ello creemos que se debe volver atrás con esta reforma, para debatirla con más cuidado, y eventualmente volver a ella una vez que se pueda establecer la independencia de los fiscales del poder de turno. También proponemos introducir al Código Penal la figura de la delación premiada, que tan buenos resultados está dando en las investigaciones de corrupción en el Brasil. La delación premiada permite a un delincuente obtener una reducción de su pena a cabo de brindar información efectiva que permita procesar y eventualmente condenar a otras personas involucradas.

3) Hay que asegurar la autarquía financiera y un aumento de recursos asignados a la justicia.

4) Se debe implementar un conjunto de reformas "micro" al funcionamiento de la justicia, para aumentar su autonomía, su eficiencia, y su autoridad. Estas incluyen, entre otras:

a) poner fin a prácticas reñidas con la ley y la moral, como el mantenimiento de conversaciones entre los jueces y solo una de las partes involucradas en una causa –sin que la otra esté presente–, el sorteo de los procesos y el tiempo que toma comenzarlos o avanzar en ellos –incluyendo a veces sobornos–; b) la resolución de los múltiples conflictos de interés que existen en la actualidad, como señala Martin Böhmer, incluyendo la carrera judicial y el mantenimiento de estudios jurídicos por parte de los mismos legisladores que tienen a su cargo el nombramiento y remoción de jueces; c) permitir un acceso más equitativo a la justicia a personas de todos los niveles de ingreso; d) aumentar la eficacia de la justicia en cuanto a imponer sus sentencias.[20]

---

20. Uno de los autores pudo asistir a la gran mayoría de las audiencias judiciales del tema de los *holdouts* en Nueva York (primera instancia y corte de apelaciones) y Washington (Corte Suprema). Uno de los temas que más le llamaron la atención durante el proceso es el poder de imponer sus sentencias que tiene la justicia de los Estados Unidos. En cada paso, ante la desobediencia del gobierno de la Argentina a las sentencias de los jueces, estos imponían penalidades más severas, que incluyeron entre otras la restricción de la cadena de pagos de los bonos de los Canjes de 2005 y 2010, de manera de forzar a la Argentina a cumplir con la sentencia (tratamiento *pari passu* de los bonos en default). De hecho, le pareció que parte de los errores del gobierno argentino en el manejo de la causa se originaron en una falta de entendimiento del poder de sanción que tiene la justicia norteamericana (además de la falta de entendimiento acerca de lo que significa contar con un Poder Judicial independiente del poder político).

Propuestas para la coparticipación federal

La reforma constitucional de 1994 hizo casi imposible reformar el régimen de coparticipación federal. El inciso 2 del art. 75, en el cual se detallan las atribuciones del Congreso, prescribe que: "Una ley convenio, sobre la base de acuerdos entre la Nación y las provincias, instituirá regímenes de coparticipación de estas contribuciones, garantizando la automaticidad en la remisión de fondos". Agrega luego que: "La ley convenio tendrá como Cámara de origen el Senado y deberá ser sancionada con la mayoría absoluta de la totalidad de los miembros de cada Cámara, no podrá ser modificada unilateralmente ni reglamentada y será aprobada por las provincias".

Al exigir que el nuevo régimen de coparticipación se apruebe por una "ley convenio", se le dio poder de veto a todas y cada una de las provincias. Es decir, nunca se podría aprobar un régimen nuevo en el cual ni siquiera una de las provincias estime que saldrá perdiendo algo con respecto al régimen actual. Por si quedaban dudas, el artículo sexto de las disposiciones transitorias aclara (además de exigir un nuevo régimen de coparticipación para antes de fines de... 1996) que "tampoco podrá modificarse en desmedro de las provincias la distribución de recursos vigente a la sanción de esta reforma".

Se podría argumentar que el régimen de coparticipación sería arreglable aún bajo esta restricción institucional si la torta a repartir pudiese aumentar, de manera de poder dejar satisfechas a todas las partes. Sin embargo, en la coyuntura actual, donde el sector público consolidado, incluyendo provincias, quizás haya tenido en 2015 un déficit de más de 8% del PIB al mismo tiempo que la economía experimentaba la mayor presión tributaria de nuestra historia, es difícil pensar en un atajo de esta naturaleza. La gran cantidad de recursos discrecionales en manos del gobierno nacional, sin embargo, puede ser aprovechada para introducir algunas reformas, como veremos más adelante.

Lo que proponemos entonces es un conjunto de cambios y principios mucho más limitados que una reforma integral al sistema de coparticipación, pero que atacan al nudo del problema político que genera el esquema actual. Este problema político, como mencionamos anteriormente, deriva del llamado desbalance fiscal vertical: las provincias gastan más de lo que recaudan. Este problema se vio agravado en años recientes por el aumento de los recursos discrecionales con los que cuenta el gobierno nacional, que ha puesto a los gobernadores a su merced.

Nuestras propuestas se centran entonces disminuir el balance fiscal vertical y la discrecionalidad en la distribución de los recursos recaudados por el gobierno nacional. Somos conscientes de que lo que queda es un sistema impositivo altamente ineficiente y distorsivo, pero creemos que estos cambios deben ser objeto de otro debate que excede este libro. Los principales puntos que proponemos son:

1) *Aumentar la masa de impuestos coparticipables, a cambio de la introducción de reformas instituciona-*

les provinciales como las que mencionamos en este mismo capítulo; por ejemplo, prohibición de reelección gobernadores, cambios en los sistemas electorales provinciales a sistemas más proporcionales, simultaneidad de todas las elecciones en el país. Es decir, se deberían firmar convenios donde, luego de que las provincias aprueben estos cambios, se les incluirá en la coparticipación de impuestos, con un esquema como el que propondremos a continuación.

En primer lugar, se debe coparticipar todo el impuesto al cheque, en lugar del 30% que se coparticipa en este momento.

En segundo lugar, se deberían coparticipar todas las ganancias del Banco Central transferidas al gobierno. El financiamiento del Banco Central al gobierno (Adelantos Transitorios) debe ser en nuestra opinión eliminado gradualmente en el tiempo. Chile, que también tuvo una historia de alta inflación como la Argentina, prohibió en su Constitución al Banco Central dar préstamos al gobierno, y le otorgó autonomía, mediante un mecanismo de elección escalonada de sus directores, para evitar que ningún presidente pueda controlar a todo el directorio. La Argentina debería emprender un camino parecido, limitando la expansión de Adelantos Transitorios a partir de 2018 a un porcentaje bajo del patrimonio del Banco Central, e introduciendo cambios en la Carta Orgánica que permitan darle autonomía al BCRA.[21,22] Esta reforma a la Carta Orgánica del BCRA y a sus oportunidades de financiamiento permitirá lograr dos objetivos. Por un lado, disminuiría la enorme discrecionalidad con que ha contado el Poder Ejecutivo nacional con respecto a los gobernadores en los últimos años. Simultáneamente ayudaría a terminar con el flagelo de la inflación.[23]

En tercer lugar, gradualmente y en la medida en que la situación fiscal nacional mejore, se debería permitir que las retenciones a las exportaciones se tomen como pago a cuenta del impuesto a las ganancias.

---

21. Proponemos introducir esta restricción desde 2018 y no inmediatamente por una consideración práctica: el descalabro fiscal que dejó como herencia el gobierno de Cristina Kirchner es tal que lo más probable es que se requiera algo de financiamiento del Banco Central por un tiempo.

22. La reforma de la Carta Orgánica del BCRA y la introducción de un mecanismo de elección escalonado de los directores daría el marco adecuado para poder reemplazar el directorio actual. La forma de implementar este cambio es que los nuevos directores tengan mandatos que venzan escalonadamente, dando entonces a cada presidente la oportunidad de reemplazar solo cuatro de los diez directores. El nuevo presidente debería ofrecer al principal o a los principales partidos de oposición que propongan al menos cuatro de estos nuevos directores.

23. Somos conscientes de que una mera regla que limite el financiamiento del BCRA al gobierno no va a terminar con el flagelo de la inflación, como bien demostró la experiencia de la Convertibilidad, aunque nos parece que más restricciones al financiamiento monetario serían útiles en tal sentido.

Con el tiempo, se podrían ir implementando reformas impositivas que aumenten la separación de fuentes, tal como propone Llach.

2) *Centralización de las funciones de gasto social.* A partir de 2003 crecieron exponencialmente las transferencias que el gobierno nacional hace directamente a los municipios. Estas transferencias se destinaron principalmente a programas sociales como el "Programa de Seguridad Alimentaria", "Techo Digno", "Urbanización de Villas y Asentamientos Precarios" y muchos otros. Esta mayor injerencia de los municipios en las políticas sociales facilita el desarrollo de prácticas clientelistas, como ya mostramos. Adicionalmente, esta práctica se encuentra en contra de la teoría y de los criterios más sanos acerca de la política de redistribución de ingresos en países federales, que recomiendan la centralización de estas iniciativas. En el caso de los Estados Unidos, por ejemplo, los programas de subsidios por desempleo y los *"food stamps"* (tickets de comida para las familias más pobres) son administrados por el gobierno federal.

El mecanismo de coparticipación introdujo a partir de 1973 un criterio redistributivo: la idea era que las provincias más pobres recibieran mayores transferencias per cápita. Este objetivo redistributivo quedó plasmado en la reforma constitucional de 1994. En el inciso 2 del art.

75 dice que la coparticipación "será equitativa, solidaria y dará prioridad al logro de un grado equivalente de desarrollo, calidad de vida e igualdad de oportunidades en todo el territorio nacional".

Este objetivo claramente no se ha cumplido. La mayor transferencia de recursos por parte del gobierno nacional hacia las provincias más rezagadas es utilizada electoralmente tanto por el gobierno nacional, para obtener el favor de los legisladores provinciales en el Congreso, como por las autoridades provinciales y locales, que utilizan dichos recursos para mantener redes clientelares que perpetúan y multiplican la pobreza. Nuestra propuesta consiste en cumplir con el mandato de la Constitución de una manera indirecta: mediante mecanismos de redistribución nacionales, basados en criterios técnicos, y alejados de las redes clientelares.

Así, la centralización de los programas de asistencia social y la coparticipación de más impuestos permitirían disminuir parte del balance fiscal federal y disminuir la discrecionalidad en las transferencias del gobierno nacional.

7
Un camino efectivo para las reformas

Iniciamos este libro hablando de una gran oportunidad: la que tiene la Argentina entre sus manos para impulsar un proceso de crecimiento dinámico, inclusivo y sustentable a partir de instituciones de calidad. Para esto es necesario desarrollar la voluntad de modificar conductas profundamente arraigadas en nuestra cultura. A lo largo de este capítulo volcaremos algunas propuestas concretas para comenzar a transitar este camino hacia la implementación de instrumentos de política que nos lleven a construir un país más justo y solidario.

Para encarar cualquier reforma política sustentable, independientemente de si se trata de una propuesta para el corto, el mediano o el largo plazo, es necesario enfocarse en las condiciones para poder llevarla a cabo. No es tan importante el "qué" de aquello sobre lo que la reforma va a operar, sino los "cómo". Existen algunas reglas de oro cuyo cumplimiento es esencia si se desea alcanzar un resultado positivo. Ellas son:

1) Ninguna reforma política funciona si el espíritu con que se la crea no es mejorar la calidad de las instituciones.

2) La reforma tiene que poner su foco en el sistema en su conjunto, no en los instrumentos que se emplearán para propiciarla. Un error muy común que hemos experimentado con dolor los argentinos es que quien lanza la reforma se "enamora" del instrumento y se aferra a él en los planos conceptual y teórico, al punto tal que cuando el instrumento deja de ser la solución, le resulta imposible dejar de emplearlo. Un ejemplo no tan lejano en la historia argentina es el Plan de Convertibilidad, cuya aplicación se extendió mucho más allá de lo aconsejable, precisamente hasta un estallido que podría haberse evitado si se hubiesen utilizado otros instrumentos en el trayecto inexorable hacia la debacle.

3) Es imprescindible evitar la improvisación. Es necesario un estudio exhaustivo, una investigación meditada y objetiva, un análisis de cuáles fueron los resultados ante reformas parecidas aplicadas en otros países. La mayoría de los instrumentos ya fueron utilizados con anterioridad (o, al menos, instrumentos parecidos a aquellos con los que se piensa innovar). Si bien todos los sistemas políticos son únicos, al igual que las idiosincrasias culturales, los instrumentos siempre generan incentivos y promueven

comportamientos que permiten extrapolar, a partir de estudios comparados, qué puede ocurrir ante su aplicación en la coyuntura donde se piensa utilizarlos.

4) Toda reforma exitosa parte de un esfuerzo consensuado.

El consenso debe surgir en la etapa preliminar de la reforma. En el mismo momento en que se toma la decisión, deberá comenzarse a evitar todo debate en que predomine la política partidaria sobre las ideas o sobre los objetivos generales. En otras palabras, se realiza una *despartidización* del debate. Del mismo modo, la investigación no puede ser efectuada por fanáticos de la bandería política de quien lanza la reforma ni por acomodaticios de turno. Debe quedar a cargo de equipos técnicos, grupos de expertos y académicos, preferentemente multipartidarios (o directamente desintoxicados de la política), que reflejen el abanico de diversidad ideológica-política de la sociedad en el momento específico en que la reforma vaya a ser aplicada y que no dejen dudas en la ciudadanía respecto de la sustentabilidad de sus estudios. Sus propuestas serán, de cierta manera, el arsenal con el que se va a intentar resolver el desafío que motivó la reforma en primera instancia.

Una de las claves para que el proyecto esté consensuado es que las partes coincidan en el diagnóstico: cuáles son los problemas y cuáles los objetivos, qué es lo que hace falta reformar y a qué sistema impactará dicha reforma. "La meta es mejorar la calidad de la democracia", por ejemplo, es un postulado demasiado amplio, que puede apoyarse en concepciones que derivarán en la selección de los instrumentos diametralmente opuestas. Cuanto más preciso sea el diagnóstico inicial, más apropiadas serán las herramientas elegidas.

Más allá del momento del consenso, siempre habrá habido alguien que tiró la primera piedra para iniciar el proceso de reforma. Puede ser cualquiera de los tres poderes del Estado, la combinación de dos de ellos o, incluso e idealmente, todos en simultáneo. En cualquier caso, quien asuma ese rol de liderazgo debe apoyarse en una estrategia inteligente, con el objetivo de no generar una reacción de resistencia en otros actores del poder. Un elemento clave para que la reforma comience a cobrar vida es que ninguno de los involucrados perciba que sufrirá grandes pérdidas a partir de su aplicación. Es la única manera para que pueda instalar el tema en la sociedad. Es triste, pero es verdad: si algún engranaje gubernamental sospecha que puede llegar a disminuir su poder, su influencia o los recursos que percibe por "culpa" de la reforma, pondrá su mejor fuerza de voluntad para frenar el proyecto.

Importancia de la política en el proceso de reforma

En un proceso de reforma, la política es tan importante como el contenido, en especial a lo largo de tres ejes: discurso, liderazgo y oportunidad.

1) *Discurso*. Como mencionamos, nadie debe percibir pérdidas potenciales relacionadas con la aplicación de la reforma. El resultado, que podría ser visto como un bien público, debe apuntar a una mejora en el sistema democrático. La ciudadanía debe entender que no se trata de una cuestión de intereses políticos, sino de mecanismos de mejora genuina de la participación, la transparencia, la forma de definir quién y cómo se gobierna y cómo se administra la cosa pública, incluyendo los recursos de los contribuyentes. Los mecanismos de comunicación para presentar la necesidad y el proceso de la reforma son esenciales y deben apuntar no solo a los *stakeholders* críticos, sino a los medios de comunicación y a la sociedad civil. *La mejor reforma mal comunicada tiende a fracasar, mientras que reformas no tan positivas pero con un buen trabajo de diseminación, de instalación de temas y de reverberación de conceptos clave tienen grandes posibilidades de avanzar.* Por lo tanto, tan importante como el mismísimo contenido de la reforma es la preparación de los aspectos discursivos, del relato (en el mejor sentido), de los medios para penetrar con el tema en la agenda pública.

2) *Liderazgo*. Una vez más, aparece el juego de percepciones. La ciudadanía no debe sentir que el objetivo de la reforma es favorecer a quien la lanza. Lo mejor que puede pasarle a la iniciativa es que se visualice como una autolimitación

de quien la propone. En la Argentina existen casos exitosos recientes, como la reforma electoral en la provincia de Santa Fe, que puso fin a la Ley de Lemas y propició la aplicación de la boleta única. Su impulsor fue Jorge Obeid, gobernador de fuerte raigambre peronista. Desde la implementación, el justicialismo perdió todas las elecciones siguientes. Era sabido entre las partes que la aplicación efectiva de la reforma podía disminuir las chances electorales del peronismo en la provincia y tal vez eso fue lo que incrementó la vocación para lograr el consenso necesario. De hecho, incluso con determinados problemas menores que aún muestra la boleta única, nadie la discute como mecanismo. Conclusión: *el liderazgo debe entenderse con un doble sentido, el de que quien lo lanza sepa obtener el crédito político por la reforma y, al mismo tiempo, que en la ciudadanía sea percibido como algo de interés neutro o incluso negativo para el impulsor.*

3) *Oportunidad.* ¿Cuándo es el mejor momento para lanzar una propuesta de reforma? Lo ideal es hacerlo lo más lejos posible de las elecciones: al comienzo de una nueva gestión o en un año de recambio parlamentario. Así, nadie pensará que el objetivo verdadero que se oculta detrás de la iniciativa es, precisamente, modificar alguna regla que pueda influir en el resultado del proceso electoral. Al mismo tiempo, es necesario que el gobierno esté fuerte, con capacidad

para lograr consenso y para negociar. La lógica del *timing* se centra solo en el momento del lanzamiento, sino en la reforma elegida para llevar a cabo. Muchas veces se inicia el camino con proyectos sencillos, fáciles de consensuar, para lograr un impulso inicial positivo y que la verdadera reforma, la de fondo, no quede empantanada desde su concepción. Cuando el proyecto se traba, el tiempo se ocupa de restarle interés y los involucrados pierden vocación de seguir invirtiendo tiempo y capital político en un proceso que solo les produce desgaste de imagen. Por eso, la selección de instrumentos es clave. Tal vez no se comience por la herramienta esencial para la reforma de fondo, pero sí por una que habilite rápidamente el consenso y permita *escalar* hacia el objetivo final o hacia otras instancias más complejas. La intuición, el conocimiento del mapa de actores son condiciones de éxito. Hace falta mucha y buena política y mucho diálogo para entender qué piensa cada uno de los involucrados en el momento en que comenzará a discutirse la reforma. De esta manera, el impulsor sabrá en qué aspectos le conviene enfatizar en cada caso. De hecho, se puede negociar la agenda con la oposición: una selección de qué iniciativas deben avanzar seguro, cuáles tienen margen para discutir y debatir y cuáles quedan postergadas para una segunda ronda.

Evaluación del impacto

Una reforma no está completa hasta que no puede medirse su impacto. Luego de su implementación, un parámetro bastante elocuente son las siguientes elecciones y el destino que hayan tenido en ella sus impulsores.

Sin embargo, es posible establecer herramientas de precisión para comprender el alcance y los resultados de una iniciativa. A través del Poder Ejecutivo Nacional o del Congreso, con participación de la sociedad civil, y siempre habiendo consensuado previamente, es posible constituir comités que monitoreen el resultado y que definan *benchmarks* y tableros de control para corroborar si los objetivos iniciales propuestos por la reforma fueron alcanzados con los instrumentos puestos en práctica.

El proceso no se acaba con la aplicación o con la aprobación de una ley, una norma o un cambio administrativo. El monitoreo es un engranaje esencial para probar todo aquello que se creía que iba a funcionar correctamente y que, al cabo de un tiempo, no lo hace y necesita ser ajustado. También para elaborar nuevas formas de pensamiento cuando se comprueba que las hipótesis iniciales quedaron lejos de comprobarse.

Del mismo modo en que la reforma no se extingue con su implementación, el liderazgo que la sustenta debe sostenerse a lo largo del tiempo. Mientras se aplique el instrumento elegido, el líder debe mantener un espíritu humilde y autocrítico y, como se mencionó, estar dispuesto a sacrificar el instrumento propuesto en pos de mejorar los resultados. Si los objetivos quedan lejos, no habrá mejor actitud que la honestidad y una cabeza gacha para aceptar la equivocación.

Los esfuerzos de comunicación también deben seguir su curso a lo largo de todo el proceso. Por supuesto, la intensidad será mucho más evidente en los momentos álgidos, como la discusión parlamentaria o la implementación propiamente dicha. Pero es positivo enfatizar a cada instante que se está intentando algo nuevo, que hay un esfuerzo consensuado para encontrar los instrumentos adecuados para la situación, que hay un equipo profesional detrás analizando minuciosamente los resultados.

La mejora de las instituciones democráticas debe entenderse como una oportunidad para que la interacción entre las partes sea más sana, con mayor nivel de deliberación, con más democracia, con participación activa de la sociedad civil, de los sectores académicos, de las ONG, etcétera. El proceso de reforma debe ser coherente con sus métodos y con el resultado buscado. Si lo que se persigue es un incremento en la calidad de la democracia, entonces nada generará más resistencia que una iniciativa autoritaria y sin apertura al debate.

8
A modo de conclusión

La publicación de este libro nos encuentra en los albores de un nuevo período presidencial en la Argentina, un período que se inaugura con una combinación de gran expectativa y gran incertidumbre al mismo tiempo.

Por un lado, la elección de Mauricio Macri a la presidencia despierta una gran expectativa y esperanza al mostrar que la alternancia política todavía es posible a pesar de la gran disparidad de recursos con los que –como mostramos– los oficialismos cuentan en la Argentina. Gran expectativa y esperanza al haber centrado la nueva coalición en el gobierno su propuesta alrededor de un mensaje de mejora de las instituciones democráticas.

Por otro lado, la realidad política de un gobierno de coalición sin mayoría en ninguna cámara en el Congreso y con algunos grupos no democráticos –aunque minoritarios– en la oposición genera incertidumbre acerca de la "gobernabilidad". El recuerdo de los mandatos no terminados de los últimos dos presidentes no peronistas (Alfonsín y De la Rúa) vuelve a dominar el debate.[24] Este problema es particularmente acuciante dado que, al igual que Fernando de la Rúa en 1999, el nuevo gobierno hereda desequilibrios económicos que son políticamente costosos de arreglar.

El sistema político-electoral argentino genera desequilibrios que hacen que algunos presidentes puedan ser demasiado fuertes –sin controles en el Congreso– y otros demasiado débiles, como mostramos en los capítulos anteriores. Muchas veces la fortaleza o debilidad presidencial está más ligada al ciclo económico que a otros factores. En tiempos de ajuste, las coaliciones políticas se resienten porque el sistema político –como reiteramos varias veces en capítulos anteriores– no genera ningún incentivo a mantenerlas unidas. La fragmentación y la territorialización que experimentó el sistema político en este siglo agrava este problema. Es un sistema que genera fuerzas centrífugas y no centrípetas, como el sistema binominal que tuvo Chile desde 1990.

La actual coyuntura política no podría ser más adecuada para la publicación de este libro. Cambios institucionales como los que proponemos son los que

---

24. Los estudiosos de la ciencia política hablan de una nueva "ley de oro" de la política argentina, que consiste en que solo los presidentes peronistas pueden gobernar a la Argentina.

permitirían afirmar la gobernabilidad en el período presidencial que comienza, y asegurar que los acuerdos políticos que se celebren duren en el tiempo.

El debate de fines de 2015 sobre las reformas políticas se centró en el voto electrónico como tabla de solución de los problemas políticos que aquejan al país. Si bien este sería un paso importante, por sí solo no solucionará los problemas estructurales del sistema político argentino. Esperamos que nuestras propuestas permitan redireccionar el debate hacia soluciones que posibiliten, además, disminuir la fragmentación de los partidos políticos, nivelar la cancha entre peronismo y no peronismo, y dar lugar a congresistas con carreras políticas más largas y más independientes de los gobernadores, entre otros cambios. En fin, reformas que permitan trabajar tanto sobre el sistema político-electoral, el manejo del Estado y los sistemas de control, y la coparticipación federal, de manera que el Congreso se vuelva en un contrapeso del Poder Ejecutivo cualquiera fuera el signo político de quien gobierne, que existan partidos nacionales y sólidos que permitan realizar acuerdos de largo plazo sobre algunas políticas de base, y que los gobernantes sean *accountable* ante los ciudadanos.

Para la nueva coalición gobernante los incentivos a encarar un conjunto de reformas como el que proponemos es bastante obvio. Un cambio en esta dirección le permitiría solidificar las bases de su coalición, al introducir incentivos más fuertes para permanecer unidos incluso en momentos de tensión económica y social.

Pensamos que para la mayoría del peronismo encarar este conjunto de reformas es igualmente conveniente. La fragmentación y territorialización de los partidos políticos también alcanzó a esta fuerza política, que se partió en tres en una elección presidencial. Sus principales dirigentes, los gobernadores, fueron víctimas en años recientes de una política de coerción basada en el uso discrecional de fondos. Finalmente, el peronismo corre el riesgo en el futuro de carecer de legitimidad ante las clases medias si continúa con algunas de las prácticas de patronazgo y clientelares corrientes.

Como bien señala Moisés Naím en su libro *El fin del poder*, el poder está decayendo en el mundo. Esta tendencia es consecuencia de una combinación de factores demográficos, de difusión de tecnologías de la información, y de cambios de expectativas, valores, y normas sociales. No va a ser posible ejercer el poder con legitimidad en los próximos años con la misma falta de transparencia y *accountability* con la que fue ejercido hasta ahora. Los sucesos de Tucumán a fines de 2015, de los que hemos hablado con frecuencia en este libro, son fieles testigos de esta tendencia.

La nueva coyuntura política abre entonces la oportunidad de encarar un conjunto de reformas institu-

cionales consensuadas entre los principales actores políticos, sociales y empresariales, para permitir que las
generaciones actuales y futuras de los argentinos y todos los habitantes del mundo que quieran habitar el
suelo argentino puedan disfrutar de los beneficios de
la libertad.

Bibliografía

Acemoglu, D. y Robinson, J. (2012). *Why Nations Fail*. Crown Publishers.

Alberdi, J. B. (1964). *Bases y puntos de partida para la organización política de la República Argentina*. Ediciones Depalma.

Alesina, A., Hausmann, R., Hommes, R. y Stein, E. (1999). *Budget Institutions and Fiscal Performance in Latin America*. IDB, Office of the Chief Economist. IDB-WP-394.

Ardanaz, M., Leiras, M. y Tommassi, M. (2012). The Politics of Federalism in Argentina: implications for Governance and Accountability. IDB Working Paper Series No. IDB-WP-327, June.

Auyero, J. (2000). *Poor People's Politics: Peronist Survival Networks and the Legacy of Evita*. Duke University Press.

Auyero, J. (2011). Patients of the State. An Ethnographic Account of Poor People's Waiting. *Latin American Research Review*, 46 (1), 5-29.

Balán, E. (2014). Determinantes de la capacidad estatal en las provincias argentinas. *Colección*, No. 23, 2013, pp. 13-46.

Balán, P. E. y Tiberti, F. H. (2014). *La república pendiente. Argentina y el problema del desarrollo político*. Editorial El Ateneo.

BID (2014). *Panorama de las administraciones públicas: América Latina y el Caribe 2014*.

Böhmer, M. (2013). La lógica político-institucional del Poder Judicial en la Argentina, en *Cuánto importan las instituciones*, Acuña, C. (compilador). Siglo Veintiuno editores.

Bonvecchi, A. y Zelaznik, J. (2012). El impacto del poder de decreto presidencial sobre el comportamiento legislativo, en *Los legisladores en el Congreso argentino. Prácticas y estrategias*. Mustapic, A., Bonvecchi, A. y Zelaznik, J. (editores). Instituto Torcuato Di Tella.

Bonvecchi, A. y Zelaznik, J. (2012a). Argentina: recursos de gobierno y funcionamiento del presidencialismo, en *Presidencialismo y Parlamentarismo: América Latina y Europa Meridional*.

Lanzaro, J. (editor). Centro de Estudios Políticos y Constitucionales. Madrid.

Calvo, E. (2007). The Responsive Legislature: Public Opinion and Law Making in a Highly Disciplined Legislature. *British Journal of Political Science* 37, 263-280.

Calvo, E. (2014). *Legistator Success in Fragmented Congresses in Argentina.* Cambridge University Press.

Calvo, E. y Escolar, M. (2005). *La nueva política de partidos en la Argentina: crisis política, realineamientos partidarios y reforma electoral.* Editorial Prometeo.

Calvo, E. y Murilo, V. (2008). ¿Quién reparte? Clientes partidarios en el mercado electoral argentino. *Desarrollo Económico,* vol. 47, No 188 (enero-marzo).

Calvo, E. y Murillo, V. (2012). Argentina: the Persistence of Peronism. *Journal of Democracy,* Vol. 23, No. 2, April.

Calvo, E. y Murilo, V. (2013). When Parties Meet Voters: Assessing Political Linkages through Partisan Networks and Distributive Expectations in Argentina and Chile. *Comparative Political Studies.*

Carey, J. y Hix, S. (2009). The Electoral Sweet Spot: Low-Magnitude Proportional Electoral Systems. PSPE Working Papers, Department of Government, London School of Economics and Political Science.

Cleary, M. y Stokes, S. (2006). *Democracy and the Culture of Skepticism*. Nueva York: Russell Sage Foundation.

De la O, A. L. (2015). *Crafting Policies to End Poverty in Latin America. The Quiet Transformation*. Cambridge University Press.

Despouy, L. (2015). *La Argentina auditada: El Estado nacional bajo la lupa del presidente de la Auditoría General de la Nación*. Sudamericana.

Diamond, L. (2008). *The Spirit of Democracy*. Times Books/Henry Holt and Co.

Diamond, L. y Plattner, M. (2006). *Electoral Systems and Democracy*. Johns Hopkins University Press.

Evans, P. y Rauch, J. (1999). Bureaucracy and Growth: a Cross-National Analysis of the Effects of 'Weberian' State Structures and Economic Growth. *American Sociological Review*, Vol. 64, No. 5 (October), pp. 748-765.

Farrell, D. (2011). *Electoral Systems. A Comparative Introduction.* 2nd edition. Palgrave Macmillan.

Ferrara, F., Herron, E. y Nishikawa, M. (2005). *Mixed Electoral Systems. Contamination and its Consequences.* Palgrave Macmillan.

Ferraro, A. (2004). Political Appointees and Professional Civil Servants in Argentina's Federal Bureaucracy. Some Governance Issues. Mimeo.

Ferraro, A. (2006). Una idea muy precaria. El nuevo servicio civil y los viejos designados políticos en Argentina. *Latin American Research Review*, Vol. 41, No. 2, June.

Fukuyama, F. (2004). *State-Building.* Cornell University Press.

Fukuyama, F. (2014). *Political Order and Political Decay: From the Industrial Revolution to the Globalization of Democracy.* Farrar, Straus and Giroux.

Galiani, S., Torre, I. y Torrens, G. (2014). Fiscal Federalism and Legislative Malappotionment: Causal Evidence from Independent but Related Natural Experiments. *NBER Working Paper 19995.* March.

Gervasoni, C. (2011). Democracia, autoritarismo e hibridez en las provincias argentinas: la medición y causas de los regímenes subnacionales. *Journal of Democracy en Español.* Vol. 3.

Gibson, E. y Calvo, E. (2000). Federalism and Low-Maintenance Constituencies: Territorial Dimensions of Economic Reform in Argentina. *Studies in Comparative International Development,* Fall 2000, Vol. 35, No. 3, 32-55.

González, L. y Mamone, I. (2012). La economía política de la distribución de la obra pública federal en la Argentina. Documento de Trabajo UCA.

Grindle, M. (2012). *Jobs for the Boys.* Harvard University Press.

Haggard, S. y McCubbins, M. (2001). *Presidents, Parliaments, and Policy.* Cambridge University Press.

Hamilton, A., Madison, J. y Jay, J. (1999). *The Federalist Papers.* Signet Classic.

Helmke, G. (2002). The Logic of Strategic Defection: Court-Executive Relations in Argentina under Dictatorship and Democracy. *American Political Science Review,* Vol. 96, No. 2, June.

Huntington, S. y Harrison, L. (2000). *Culture Matters.* Basic Books.

Iaryczower, M., Spiller, P. y Tommasi, M. (2002). Judicial Independence in Unstable Environments, Argentina 1935-1998. *American Journal of Political Science*, Vol. 46, No. 4, October.

Jones, M. (1993). The Political Consequences of Electoral Laws in Latin America and the Caribbean. *Electoral Studies*, 12(1), 59-75.

Jones, M., Saiegh, S., Spiller, P. y Tommasi, M. (2002). Amateur Legislators - Professional Politicians: The Consequences of Party-Centered Electoral Rules in a Federal System. *American Journal of Political Science*, 46(3), p. 656.

Kitschelt, H., Freeze, K., Kolev, K. y Wang, Y. (2009). Measuring Democratic Accountability: an Initial Report on an Emerging Data Set. *Revista de Ciencia Política*, Vol. 29, No. 3, 741-773.

Leiras, M. (2013). Las contradicciones aparentes del federalismo argentino y sus consecuencias políticas y sociales, en *Cuánto importan las instituciones*. Acuña, C. (compilador). Siglo Veintiuno editores.

Levitsky, S. (2003). *Transforming Labor-Based Parties in Latin America: Argentine Peronism in Comparative Perspective*. Cambridge University Press.

Levitsky, S. y Murillo, M. (2005). *Argentine Democracy*. Pennsylvania State University Press.

Levitsky, S. y Murillo, M. (2013). Building Institutions on Weak Foundations. *Journal of Democracy*, Vol. 24, No. 2, April.

Levitsky, S. y Roberts, K. (2011). *The Resurgence of the Latin American Left*. Johns Hopkins University Press.

Linz, J. (1990). The Perils of Presidentialism. *Journal of Democracy*, Winter.

Llach, J. J. (2013). *Federales y unitarios en el siglo XXI*. Temas.

López Gotig, R. (2014). El crecimiento del empleo público en la Argentina K. Documentos CADAL, Año XII, No. 139, junio.

Mainwaring, S. (1993). Presidentialism, Multipartism, and Democracy: The Difficult Combination. *Comparative Political Studies*, 26(2), 198-228.

Mainwaring, S. y Scully, T. (1995). *Building Democratic Institutions*. Stanford University Press.

Mainwaring, S. y Scully, T. (2010). *Democratic Governance in Latin America*. Stanford University Press.

McKlintock, C. (2006). Plurality versus Majority Runoff Rules for the Election of President in Latin America: Insights from the 2006 Peruvian and Mexican Elections. Mimeo.

Miño, J. A. y Busmail, A. R. (2015). *Democracia y elecciones. Apuntes para una reforma política.* Editorial El Ateneo.

Mustapic, A. (2013). Los partidos políticos en la Argentina, en *Cuánto importan las instituciones.* Acuña, C. (compilador). Siglo Veintiuno Editores.

Mustapic, A. M., Scherlis, M. y Page, M. (2010). Boleta única. Agenda para avanzar hacia un modelo técnicamente sólido y políticamente viable. CIPPEC, DPP 73, marzo.

Mustapic, A. M., Scherlis, M. y Page, M. (2011). De colectoras, espejos y otras sutilezas. Claves para avanzar hacia una oferta electoral más transparente. CIPPEC, DPP 90, febrero.

Naím, M. (2013). *The End of Power: From Boardrooms to Battlefields and Churches to States, Why Being in Charge Isn't What It Used to Be.* Basic Books.

Negretto, G. (2004). Government Capacities and Policy Making by Decree in Latin America. The

Cases of Brazil and Argentina. *Comparative Political Studies* 2004; 37; 531.

Negretto, G. (2013). *Making Constitutions: Presidents, Parties and Insititutional Choice in Latin America.* Cambridge University Press.

Nino, C. (1993). *Un país al margen de la ley.* Emecé.

Novaro, M. (2010). *Historia de la Argentina 1955-2010.* Siglo Veintiuno Editores.

O'Donnell, G. (1993). Delegative Democracy? Kellogg Institute Working Paper # 192. April.

Olson, M. (1982). *The Rise and Decline of Nations.* Yale University Press.

Oszlak, O. (2003). ¿Escasez de recursos o escasez de innovación?: La reforma estatal argentina en las últimas dos décadas. VII Congreso Internacional del CLAD sobre la Reforma del Estado y de la Administración Pública. CLAD 2003.

Peruzzotti, E. y Smulovitz, C. (2006). *Enforcing the Rule of Law.* University of Pittsburgh Press.

Reynolds, A. y Steenbergen, M. (2006). How the World Votes: The Political Consequences of Ballot Design, Innovation and Manipulation. *Electoral Studies,* 25(3), 570-598.

Sabato, H. et al. (2011). *Historia de las elecciones en la Argentina*. Editorial El Ateneo.

Samuels, D. y Synder, R. (2001). The Value of a Vote: Malapportionment in Comparative Perspective. *British Journal of Political Science* 31, 651-671.

Sargent, T. (1982). The End of Four Big Inflations, en Hall, R. (editor). *Inflation: Causes and Effects*. University of Chicago Press.

Sartori, G. (1994). *Comparative Constitutional Engineering*. New York University Press.

Sautu, R. (2004). *Catálogo de prácticas corruptas*. Lumière.

Schedler, A., Diamond, L. y Plattner, M. (1999). *The Self-Restraining State*. Boulder, Colo.: Lynne Rienner Publishers.

Schiumerini, L., y Page, M. (2012). El efecto cancha inclinada: ventajas del oficialismo en la política de las provincias argentinas. CIPPEC, DPP 155, diciembre.

Secchi, P. (2015). Los desafíos de la transparencia en el financiamiento político en Argentina. Poder Ciudadano, Documento de Posición.

Shugart, M. y Wattenberg, M. (2001). *Mixed-Member Electoral Systems*. Oxford University Press.

Shugart, M., Moreno, E. y Crisp, B. (2000). The Accountability Deficit in Latin America. Mimeo. Prepared for the Conference on "Institutions, Accountability, and Democratic Governance in Latin America", Kellogg Institute for International Studies, University of Notre Dame.

Shumway, N. (1993). *La invención de la Argentina.* Emecé Editores.

Spiller, M., Tommasi, M. y Bambaci, J. (2007). The Bureaucracy, en *The Institutional Foundations of Public Policy in Argentina.* Cambridge University Press.

Spiller, P. y Tommasi, M. (2007). *The Institutional Foundations of Public Policy in Argentina.* Cambridge University Press.

Spiller, P., Tommasi, M., Jones, y Saiegh, S. (2007). Congress, Political Careers and the Provincial Connection, en *The Institutional Foundations of Public Policy in Argentina.* Cambridge University Press.

Stein, E., Tommasi, M., Echebarría, K., Lora, E., y Payne, M. (2006). *La política de las políticas públicas. Progreso económico y social en América Latina.* Banco Interamericano de Desarrollo, David

Rockefeller Center for Latin American Studies, Harvard University. Editorial Planeta.

Stokes, S. (2001). *Mandates and Democracy*. Cambridge University Press.

Stokes, S. (2005). Perverse Accountability: A Formal Model of Machine Politics with Evidence from Argentina. *American Political Science Review*, Vol. 99, No. 3, August.

Stokes, S., Dunning, T., Nazareno, M. y Brusco, V. (2013). *Brokers, Voters, and Clientelism*. Cambridge Studies in Comparative Politics.

Tommasi, M. (2002). Federalism in Argentina and the Reforms of the 1990s. Mimeo.

Tommasi, M. (2010). Un país sin rumbo: política, políticas públicas y el desarrollo en la Argentina. *Desarrollo económico*, Vol. 50, No. 199, octubre - diciembre 2010, 391-421.

Tommasi, M., Saiegh, S. y Sanguinetti, P. (2001). Fiscal Federalism in Argentina: Policies, Politics, and Institutional Reform. *Economía*, 1(2), pp. 157-211.

Weitz-Shapiro, R. (2014). *Curbing Clientelism in Argentina. Politics, Poverty and Social Policy*. Cambridge University Press.

Weyland, K. (1998). The Politics of Corruption in Latin America. *Journal of Democracy*. Vol. 9, No. 2, April 1998

Zakaria, F. (2003). *The Future of Freedom*. Nueva York: W. W. Norton & Co.

Zarazaga, R. (2014). Brokers Beyond Clientelism. A New Perspective on Brokerage through the Argentine Case. *Latin American Politics and Society*. Volume 56, Issue 3, pages 23-45, Fall 2014.

Zarazaga, R. (2014). Política y necesidad en programas de transferencias condicionadas. La Asignación Universal por Hijo y el Programa de Inclusión Social con Trabajo "Argentina Trabaja", en *El Estado en acción*. Acuña, C. (compilador). Siglo Veintiuno editores.

Zarazaga, R. y Ronconi, L. (2013). The Tragedy of Clientelism: Opting Children Out. Centro de Investigación y Acción Social, Documento de Trabajo No. 01- febrero.